AF459698

LES JACQUES

DRAME EN 5 ACTES ET 7 TABLEAUX

LES JACQUES

DRAME EN 5 ACTES ET 7 TABLEAUX

PAR

ACHILLE MELANDRI

BIBLIOTHÈQUE NATIONALE R.F. IMPRIMÉS

Tiré du « BAISER DE TÉNÈBRES »
Roman du même auteur (Dentu, édit., Paris, 1884).

Musique de scène par M. Sinsoilliez.
Costumes dessinés par M. Moloch.
Décors de M.

LILLE
IMPRIMERIE L. DANEL.

1887

PERSONNAGES :

ALDE DE NOIRVAL, femme du baron de Noirval (20 ans).

OTTILDE, ELPHÈGE, } Chambrières de dame Alde ....

TIPHAINE BLANCHEFLORS, MAHAULT-LA-ROUSSE, } Ribaudes (danseuses).....

TRISTAN DES IRIS ....

GRYMPALHAIE (Fou du sire de Noirval) (30 ans).......

ROGER DE TANQUERAY (Comte), père du baron de Noirval, Seigneur de Thibermesnil et Sénéchal de Normandie (70 ans)..........................

RAOUL DE TANQUERAY, Baron de Noirval, et mari d'Alde (40 ans).....................................

LE CAPITAINE NORBERT, Chef des Vagres (60 ans)......

PIERRE GODAILLE, MAUGARS, JEHAN-LES-GRÈGUES, HEURTEBISE, BARRABAS, LE RIOTTEUX, } Jacques................

EARBRISSEL, Page de la Baronne.......................

CROCHU-GAROU, Paysan...............................

Claude Estival, Écuyer du Baron,	Personnel du château.
Le Héraut d'armes du Baron,	
Étienne Houseaux, Chapelain,	
Le Myre, Médecin,	
Le Frappart (le Bourreau),	
Le Sergent d'armes,	
Le Fauconnier,	
Jehan d'Estotteville,	Gentilshommes...
Noel, Sire de Feu ardent,	
Tancrède de Gavagnasse,	
Honoré de Matignon,	
Maître Blaise Lointier, Bourgeois de Rouen.........	

Seigneurs, Chevaliers, Archers, Pages, Vagres, Paysans.

L'action se passe en Normandie, vers 1425.

LES JACQUES

PROLOGUE.

1er TABLEAU.

CROCHU-GAROU.

Le théâtre représente un champ de bruyères, non loin du château de Noirval. Au fond, on aperçoit, s'élevant au-dessus des saulaies qui entourent les fossés, la masse imposante du manoir, éclairée par les feux du couchant.

Au premier plan, à droite, une croix de pierre, vieille et branlante, sous l'ombrage de grands hêtres.

A gauche, au 3e plan, un gibet où sont accrochés deux pendus. Un vaste espace libre, parsemé de grosses roches moussues, s'étend entre le calvaire et le gibet. Au lever du rideau, une quinzaine de paysans, hommes, femmes et enfants, vont et viennent sur la bruyère.

Deux archers sont debout en sentinelle, au bas de la potence. Tristan est accroupi aux pieds de la croix, et cache en pleurant son visage entre ses mains.

SCÈNE PREMIÈRE.

PAYSANS, PAYSANNES, ENFANTS, ARCHERS, puis GRYMPALHAIE.

1er PAYSAN.

On a jeté ce matin dans un coin du cimetière les os du dernier pendu, décroché pour faire place au pauvre Crochu-Garou... Le triste hère ! C'est son tour d'être giflé par le vent, de sécher au soleil, de pourrir à la pluie... Ce que c'est que de nous !

UNE PAYSANNE.

Les seigneurs n'aiment pas que leurs bois de justice restent dégarnis...

1er PAYSAN.

Chut ! (*Il lui met la main sur la bouche, et montre les archers du doigt*).

2e PAYSAN.

Salutaire exemple, que celui d'un crimineux accroché à la fourche !...

2e PAYSANNE.

Et ce jour devait porter malheur à quelqu'un : Ne sommes-nous pas au vendredi 13 mai...

2e PAYSAN (*l'interrompant*).

... de l'an de disgrâce 1425, en laquelle année vaux et chemins, forêts et grand's routes sont infestés de larrons, coupe-bourses, pillards et autres malandrins...

1er PAYSAN.

Morguenne ! Après tout, Crochu-Garou va changer son collier de fer contre un collier de chanvre...

1re PAYSANNE (*montrant le ciel*).

Mauvais harnais pour monter là-haut !

(*Ils vont, viennent, se promènent. Murmures de voix. — Un enfant s'approche de Tristan et lui offre du pain*).

MUSIQUE.

L'ENFANT.

Veux-tu la moitié de mon pain d'orge, pauvret ?

TRISTAN (*farouche*).

Merci... je n'ai pas faim.

1er PAYSAN (*à l'enfant*).

Hé ! Jean-Pierre, ne t'accointe pas avec ce méchant vagabond... C'est le fils du pendu !

L'ENFANT (*d'un ton de pitié*).

Oh ! père... Il n'est pas cause... Il a l'air si triste !

2e PAYSANNE (*avec compassion*).

Celui-là n'a pas eu de mère, et bientôt n'aura plus de père.

1er PAYSAN (*avec mépris, indiquant Tristan*).

Bonne recrue pour les détrousseurs de grands chemins !

2e PAYSAN.

Que ne se rend-il moine en quelque saint monastère ? On en ferait un frère lai ou un clerc : deux états qui nourrissent leur homme !

2e PAYSANNE.

Mais enfin, quel crime a-t-il commis, ce malheureux Crochu-Garou ?

1er PAYSAN.

Heu ! C'est un craintif, un sournois, et même est-il un brin sorcier, allant de nuit tout seul par les carrefours !

2e PAYSAN.

Un meneux de loups, quoi !

2e PAYSANNE.

Oui. Mais qu'a-t-il fait ? J'arrive de la foire aux bœufs, moi, et je ne sais pas.

GRYMPALHAIE (*Il est entré doucement depuis quelques minutes, et s'avance au milieu de la scène*).

Ce qu'il a fait ! Bonnes gens, je vais vous le dire : Une chose abominable... Un crime qui, outre la hart, mériterait la torture préalable. (*Murmures*).

Écoutez ! (*mouvement d'attention*).

Le toit de sa cabane s'en allait croulant. Pour le réparer, Crochu-Garou a eu l'audace de couper un hêtre dans la forêt seigneuriale... Or, savez-vous qu'il n'y a pas beaucoup plus de mille hêtres dans cette forêt, où du reste croissent en abondance chênes, ormes, bouleaux et quantité d'autres arbres dont pendant cent ans on chaufferait les maisons, fours et cœtera de toute la duché de Normandie ? (*Murmures et rires*).

Et de plus, oyez ceci : Comme un des gardes de Monseigneur se jetait sur lui l'épée au poing, Crochu-Garou en se débattant l'a féru grièvement.

(*D'un ton grave*) :

C'est terrible, une serpe entre vos mains de rustres ! ça vous ouvre un crâne comme une pomme mûre...

Après ce mauvais coup, est-ce justice qu'il meure !

TOUS (*en tumulte*).

Oui ! oui !

GRYMPALHAIR (*à part*).

Tous les mêmes ! Jaloux et lâches ! Misérable engeance ! (*Haut*) : C'est justice, puisque le garde est trépassé. (*Bas, regardant Tristan et faisant un pas vers lui*) : Mais, hélas, que va devenir ce petiot ?

SCÈNE II,

LES MÊMES, UN HÉRAUT D'ARMES.

Le héraut d'armes, dont le tabart écussonné aux armes de Noirval, porte *d'or au chef d'azur, au lion de gueules, armé, lampassé et couronné d'argent*, précédé de deux trompettes, escorté de deux pertuisaniers, entre par le fond.

FANFARE.

LE HÉRAUT (*déployant une pancarte et lisant*) :)

Oyez ! Oyez ! A tous nobles, bourgeois manants des

terres et domaines de notre redouté seigneur, le sire Raoul de Noirval, savoir faisons : Par arrêt de Maître Blaise Lointier, bailli de Noirval, l'individu nommé Jacques, dit Crochu-Garou, a été condamné à être pendu et étranglé jusqu'à ce que mort s'ensuive, pour avoir commis le crime de vol au préjudice de notre redouté seigneur, et le crime d'homicide, sur la personne de François Morand, garde des forêts. Et sera l'arrêt exécuté aussitôt après avoir été crié. »

TOUS.

Noël à Monseigneur, noël !

GRYMPALHAIE *(haussant les épaules :)*

Noël à vous, animaux stupides !

(Bas, regardant Tristan.)

Comme il est pâle.

SCÈNE III.

LES MÊMES, CROCHU-GAROU.

Le héraut et son escorte se rangent près du gibet, les archers, armés de ces fouets à lanières plates et blanches que l'on nommait « boullayes », écartent les paysans sur la droite et sur la gauche. Tristan reste debout au pied du calvaire. Grympalhaie est à l'avant-scène. Des soldats amènent Crochu-Garou, les mains liées derrière le dos.

DES VOIX.

Emmenez l'enfant ! Emmenez l'enfant !

(On veut éloigner l'enfant.)

TRISTAN *(se débattant :)*

Je veux voir ! Je veux voir !

1er PAYSAN.

Lâchez ce gars. Qu'il regarde, puisque c'est son idée.

TRISTAN *(jetant les bras au cou de Crochu-Garou :)*

Oh père ! Mon père bien aimé !

CROCHU-GAROU.

Ah ! mon fils, mon Tristan *(aux gardes)* Laissez-moi l'embrasser... je vous en prie... Je ne m'échapperai pas, allez ! C'est mon garçon, mon orphelin.

(Embrassant le jeune homme.)

Comme tu vas être seul, pauvre petit, bien seul et bien malheureux sur cette terre ! Et moi...

GRYMPALHAIE *(s'approchant avec compassion.)*

Toi, tu vas être tranquille, pauvre Crochu-Garou... Plus de froid, l'hiver, quand la bise secoue la porte vermoulue du logis ! Plus de faim, quand la huche est vide, et que l'intendant a raflé l'ultime denier. Plus de coups de verges sur les épaules, pour n'avoir pas assez tôt levé ton bonnet sur le passage du maître...

CROCHU-GAROU *(l'interrompant avec mélancolie).*

Oui ! Mais, plus de noëls joyeux, chantés avec les amis, aux assemblées des villages... Plus de courses aux champs dans la saison des aubépines... On a beau être aussi misérable que les pierres du chemin, il fait bon tout de même siffler aux merles dès l'Avril en émondant les arbres, ou cueillant les jeunes pousses d'osier pour en tresser des vannettes.

TRISTAN *(sanglottant).*

Oh ! père ! que je souffre !

TOUS.

Hélas ! voyez... *(Murmures de compassion.)*

CROCHU-GAROU *(à Tristan).*

Tout à l'heure encore, mon petit, je pensais à ma tant bonne femme, une vaillante, celle-là, que la fièvre m'a prise. Je vais la revoir, car c'est mon tour de mourir. Songe à elle et à moi, mon Tristan.

1er PAYSAN *(d'un air mauvais)*.

Cela tarde trop! Qu'on se hâte d'en faire un évêque des champs, et qu'il bénisse le monde avec ses pieds...

(Rires, murmures. Fanfare.)

SCÈNE IV.

LES MÊMES, LE BARON DE NOIRVAL.

Il entre à cheval, ayant un faucon chaperonné sur le poing; un écuyer et un page l'accompagnent.

LE BARON *(au bourreau qui attend debout, les bras croisés, adossé contre le gibet)*.

Eh bien, Frappart, qu'attends-tu pour besogner?

TRISTAN *(s'élançant vers lui, se jetant à genoux)*.

Oh! Monseigneur, mon doux seigneur, voulez-vous m'écouter?

LE BARON *(durement)*.

Qui est-tu? Que veux-tu?

GRYMPALHAIE *(s'approchant)*.

S'il plaît à votre Grâce, c'est le fils de Crochu-Garou. *(Insistant.)* Son fils unique.

TRISTAN *(agenouillé)*.

Oui, son fils... L'unique fils de ce pauvre homme que votre justice a condamné. Il est écrit: Homicide point ne seras, mais il est écrit aussi: Soyez miséricordieux: A qui ne sait point pardonner, il ne sera point pardonné. Grâce, mon doux seigneur.

TOUS.

Grâce, grâce !

LE BARON.

Écartez de moi ce drôle, ou par ma foi, je réunis le fils au père pour l'éternité.

GRYMPALHAIE *(hésitant)*.

Baron, vous feriez bien, peut-être...

LE BARON *(furieux)*.

Au diable ! *(au bourreau)* Tu as deux minutes pour faire ton office *(souriant)*. Et quant au jeune marcassin...

TRISTAN *(s'élance vers Crochu-Garou et l'embrasse)*.

Père !

2me PAYSAN.

C'est dur, tout de même ! *(Murmures.)*

CROCHU-GAROU *(à Tristan)*.

Ne me venge pas, mon enfantelet béni. C'est Dieu qui nous venge ! Promets-moi de ne jamais chercher noise à ces gens qui me font mourir. Pardonne-leur. Promets-le moi, ô mon petit !

LE BARON *(irrité)*.

Par le sang bleu ! Ne veut-on m'obéir et emmener ce garçon ?

(Musique. Les archers entourent Tristan qui se débat. Il recule peu à peu. Arrivé au fond de la scène :)

TRISTAN *(d'une voix éclatante)*.

Père, ils n'ont pas voulu que je promette.

(Au baron.)

Prends garde à toi, baron ! Le marcassin devient sanglier, le louveteau devient loup !

(Il s'enfuit. Mouvement.) La foule entoure le gibet.

Grand silence. On aperçoit le bourreau penché en haut d'une échelle. Puis les paysans reculent avec un murmure d'horreur. Le baron fait un ges e insouciant et s'éloigne. Les paysans se découvrent sans mot dire. Puis, lorsque le cortège seigneurial a défilé, tous se dispersent. Grympalhaie seul reste en scène. Il fait un grand salut dans la direction du cadavre.

GRYMPALHAIE (*avec tristesse*).

Dieu ait son âme (*Il sort*).

SCÈNE V.

TRISTAN (*seul*). (MUSIQUE)

Il revient lentement jusqu'au pied du gibet. — Gémissant :

Père ! Père ! *(Il regarde, pousse un cri d'effroi, et s'éloigne en se bouchant les yeux avec les poings).*

Je n'ose plus le regarder !

(Il se dirige vers la croix et tombe prosterné sur les marches. La nuit se fait en scène) Un temps. Il se soulève sur le coude :)

Je ne sais plus prier... Non ! Je ne puis plus que maudire !

(Il tend le poing vers le château dont les fenêtres s'illuminent lentement).

Le bourreau est là. J'irai l'y chercher. Je le jure en face de la mort et de la nuit !

(Il s'agenouille).

O mon Dieu ! Faites qu'il ne meure pas ! Gardez-le moi vivant, jusqu'au jour où je serai fort !...

Mon père m'a supplié de pardonner, mais c'est qu'il tremblait pour les jours de son enfant... *(ricanant :)* Ma vie ! Elle n'est plus à toi, sire de Noirval ! C'est la tienne qui m'appartient... Dès ce soir, je brûlerai ma cabane. Tu n'auras ni la vieille huche, ni le manteau du mort... Plutôt roder sous bois avec les loups que de courber le front sous ta botte infâme !

(Bruit de pas à la cantonade. Musique).

Des hommes en ce lieu et à cette heure !

SCÈNE VI.

TRISTAN, caché, LE CAPITAINE NORBERT, JEHAN-LES-GRÈGUES, PIERRE GODAILLE,

et quelques Vagres, armés de fourches, de faux à lame redressée, de haches et d'arcs. Quelques-uns portent encore les braies mérovingiennes avec les courroies de cuir (Ils s'assoient sur les roches, ouvrent leurs bissacs, s'installent.)

NORBERT, *(flairant).*

Hum ! Ça sent la chair fraîche, par ici !

JEHAN-LES-GRÈGUES *(exhibant un jambon).*

Voici en effet un jambon de belle apparence.

GODAILLE *(riant).*

Et là-haut, voilà au-dessus de nos têtes, un pendu qui rêvait encore ce matin.

JEHAN *(effaré).*

Un pendu !

Le capitaine NORBERT *(avec philosophie).*

Eh ! Oui, tu feras quelque jour semblable grimace, Jehan-les-grègues.

(Jehan sursaute en arrière).

Notre destinée est de mourir pendus ou saignés... Et si le sire de Noirval savait qu'à deux portées d'arbalète de son manoir, le Capitaine Norbert, chef des Vagres, et Duc des Jacques de Normandie, est en train de souper avec Jehan-les-grègues et Pierre Godaille, son page et son échanson, il nous enverrait tôt un demi cent de hallebardiers avec le bonhomme habillé de rouge qui a pour fonctions de faire des morts... De sorte que le soleil en se levant éclairerait quatre pendus tout neufs, au lieu d'un seul... *(Il rit)*. Et sur ce mangeons, j'ai faim. Buvons, j'ai soif.

(Ils se mettent à manger et boire. Nuit profonde).

NORBERT.

Ouais ! N'avez-vous rien entendu, vous autres ?

GODAILLE.

Non. *(Buvant)*. Ce vin du prieuré de Saint Laurent des bois est excellent.

JEHAN-LES-GRÈGUES.

Il y en avait peu : Une seule tonne. J'ai rempli nos gourdes, puis, à seule fin que les révérends moines ne fussent induits en tentation du péché d'ivrognerie... *(Il rit)*.

GODAILLE.

Qu'as-tu fait ? Un mauvais tour, hein ?

JEHAN *(froidement)*.

J'ai tout bonnement oublier de refermer la chantepleure de sorte qu'il doit y avoir à cette heure un pouce de vin dans la cave, et demain, matin le père cellerier sera bien attrapé.

NORBERT *(haussant les épaules)*.

Bel exploit !... De mon temps, on en faisait bien d'autres !

(Inquiet :)

Je vous dis que j'ai entendu là une plainte, un sanglot.

GODAILLE *(moqueur)*.

Un chien qui rode...

JEAN-LES-GRÈGUES *(riant)*.

Ou le pendu qui se réveille. *(Levant son gobelet du côté de la potence)*.

A ta santé, compère ! *(Ils rient et continuent à boire)*.

A propos, Capitaine, vos nouvelles recrues sont arrivées. Qu'est-ce ?

LE CAPITAINE.

Des batteurs d'estrade, des malingreux de la Cour des miracles... des Cagots du Poitou... Bref, une bande redoutable de braves gens qui n'ont plus rien à perdre, et qui veulent tout gagner. Ils se moquent des Anglais, du roi fou, de la reine Isabeau et du reste, pourvu qu'on coure sus aux seigneurs.

GODAILLE.

Et ils vous attendent, ces joyeux compagnons ?

LE CAPITAINE.

Tout au beau milieu de la forêt de Rotours.

JEHAN-LES-GRÈGUES

Bonne cache !

LE CAPITAINE.

Oui. Mes agneaux paissent librement... Assez causé, camarades, et en route... Voici qu'un traitre de nuage s'éparpille en flocons, et la lune montre le bout de son nez.

(Effet de lune. On voit Tristan sortir de l'ombre du gibet, et s'avancer d'un pas délibéré. Mouvement d'effroi de Jehan-les-Grègues. Musique).

GODAILLE.

Que nous veut celui-ci ? Est-il seul ?

JEHAN (*tirant son couteau*).

Seul.

(*Le capitaine lui retient le bras*).

GODAILLE (*à Tristan*).

Que veux-tu céans, l'ami? Qu'y viens-tu faire? Sais-tu qui nous sommes? *(Bas, au Capitaine)*
Ce n'est qu'un enfant.

TRISTAN.

Vous êtes les Jacques... les Jacques de la forêt de Rotours, et je partais à votre recherche, quand vous êtes venus.

LE CAPITAINE.

(*Il caresse sa barbe, et observe Tristan avec attention)*.

Et... tu nous as écoutés?

TRISTAN.

C'est le meilleur moyen d'apprendre...

GODAILLE (*l'interrompant*).

Oui-da! Sais-tu à qui tu parles?

NORBERT.

Ne le lui dis pas, mon nom lui ferait peur.

TRISTRAN.

Il n'est pas si facile de m'effrayer, croyez-le! Ce que j'ai vu aujourd'hui m'a guéri de la peur... pour longtemps! Et, d'ailleurs, je sais à qui je parle, puisque j'ai entendu ce que vous disiez tout à l'heure. Vous êtes le capitaine Norbert.

LE CAPITAINE NORBERT.

A merveille. Peut-on savoir ensuite ce que veut de moi ta Seigneurie?

TRISTAN.

Ne vous moquez pas, capitaine... Ne me raillez pas parce que je suis petit, faible et triste. Vous vous en repentiriez...

NORBERT.

Pourquoi ?

TRISTAN.

Parce qu'un homme brave comme vous doit regretter d'avoir humilié un brave garçon comme moi.

(Les quatre personnages se saluent d'un air ironique).

NORBERT *(brusquement).*

Trop parler nuit. Qu'est-ce que tu veux ?

TRISTAN *(hésitant).*

Je voudrais... vivre avec vous, pour apprendre à bien me battre. Oh ! ne me repoussez pas, capitaine Norbert, chef des Vagres, Duc des Jacques de Normandie.

GODAILLE *(l'interrompant).*

Il a bonne oreille, ce failli gars !

TRISTAN *(avec véhémence).*

Je dormirai, s'il le faut, dans les cavernes comme les bêtes fauves. Je deviendrai le familier de tout ce qui rampe et de tout ce qui mord au fond des bois... Je vous servirai à genoux.

NORBERT.

Prends garde ! Je suis un maître impitoyable.

TRISTAN.

Ce n'est pas vrai. Vous êtes bon, pour ces hommes qui sont à vous *(Il désigne les Jacques du geste).* Je veux devenir redoutable. J'ai seize ans... Je suis robuste, prenez-moi.

GODAILLE.

Eh ! l'ami, quelle rage te possède ?

TRISTAN *(sombre)*.

Il y a sur terre un homme qu'il faut que je tue.

NORBERT *(railleur)*.

Voire ! Que veux-tu que je fasse d'un marmouset tel que toi ? *(indiquant son casque)*. Un heaume semblable aux nôtres te couvrirait les épaules comme un chaudron de sorcière ! *(Il rit)*.

TRISTAN.

Eh bien ! Je vous prouverai sur l'heure que je suis bon à quelque chose. *(à Norbert)* Capitaine, donnez-moi votre arc.

NORBERT.

Qu'en veux-tu faire ? Te crois-tu de force à le bander ? *(Il rit)*.

TRISTAN *(impatienté)*.

Mais donnez-donc !

(Il lui prend son arc, et l'une des flèches qui sont passées à sa ceinture).

Vous voyez cette branche de coudrier, là-bas ?...

(Il tend l'arc).

NORBERT *(fait un geste de surprise, en voyant sa vigueur. Puis, avec bonté :)*

Petit, tu vises trop à gauche...

TRISTAN *(frappant du pied)*.

Laissez-moi. Ne me troublez pas.

NORBERT *(saluant par dérision)*.

Je demande humblement pardon à votre Seigneurie.

(à-part, avec bonhomie :)

Peste ! Le petit drôle est impérieux ! Il me plaît, ce jeune gars. »

(*Tristan tire. On se penche pour suivre le vol de la flèche. Jehan-les-Grègues s'élance, et rapporte la branche de coudrier, traversée par le trait.*)

NORBERT.

Tu vois? Le trait est entré un peu à gauche. Je te l'avais dit (*rires*). Ne riez pas, vous autres, c'est bien tiré. Il n'y a pas dix archers sous la hêtrée de Rotours, qui soient capables d'en faire autant.

TRISTAN (*rêvant et frémissant*).

Oh! que je le tienne un jour, pantelant sous mon genou, et alors...

NORBERT.

De qui parles-tu, beau-fils?

TRISTAN (*hautain*).

Si je vous le disais, son nom vous ferait peur!

NORBERT.

Peuh! Dis toujours...

TRISTAN.

Je parle de Raoul de Tanqueray, baron de Noirval.

GODAILLE ET JEHAN-LES-GRÈGUES.

La peste!

(*Un silence*).

NORBERT.

Et toi, notre ami, qui donc es-tu?

TRISTAN.

On m'appelle Crochu-Garou. Ce pendu, c'est mon père. Je me suis traîné aux pieds du bourreau... Non pas aux pieds de celui qui gagnait son abominable salaire de boucher de chair humaine... mais de l'autre au tortil de perles : Celui qui portait un faucon sur son poing en signe de noblesse. Il m'a appelé Marcassin, je lui ai répondu : le marcassin deviendra sanglier. Oui, capitaine, je suis le fils du supplicié... Comprenez-vous maintenant ?

NORBERT, LE CAPITAINE (*ému*).

Par ma foi, tu m'as remué le cœur, petiot... Je ne me savais point la larme si près de l'œil. (*avec philosophie*)... On vieillit !

GODAILLE.

Maître, le gars ferait, je crois, un bon compagnon de vagrerie.

NORBERT (*avec autorité*).

Pierre Godaille, remplis jusqu'au bord mon gobelet de cuir, faute de la corne d'honneur que l'on offre aux chevaliers récipiendaires, dans notre ordre diffamé.

(*Godaille verse du vin de sa gourde*).

NORBERT (*d'une voix grave, tendant le gobelet à Tristan*).

Vide-le, fils, à la santé des pauvres paysans de France ! »

TRISTAN.

De grand cœur !

(*Il boit*).

NORBERT.

Et rubis sur l'ongle ! (*Il renverse la dernière goutte sur son ongle, et l'admire au clair de lune. D'un ton satisfait :*)

L'enfant ira haut et loin, (*pourvu toutefois qu'on ne me le pende pas trop tôt*). Ah ! corbleu, quand une mère verse un tel lait à ses fils, qui refuserait de mourir pour elle ?

Allons, petiot, à genoux !

(*Tristan met genou en terre*).

NORBERT (*le frappant sur la tête et sur chaque épaule du plat de son épée, avec solennité :*)

Nous te sacrons chevalier de l'Ombre, archer du clair de lune. Tu auras part au heurt, au choc et à la prise. Et maintenant, fils, donne-moi l'accolade !

TRISTAN (*lui sautant au cou*).

Mon second père !

(*Ils restent dans les bras l'un de l'autre*).

JEHAN-LES-GRÈGUES (*à Godaille, la larme à l'œil et d'une voix émue*).

Bienheureuse pendaison ! Tout le monde y gagne... (*montrant le pendu*) Lui le paradis...

GODAILLE

(*montrant le groupe du capitaine et de Tristan embrassés*).

... Ces deux-là chacun un ami sûr, et nous un fier camarade, foi de Normand !

NORBERT (*à Tristan*).

Allons dormir sous bois, mon enfant, car dès l'aurore de demain, il te faudra faire métier d'homme.

TRISTAN.

Nous reviendrons la nuit prochaine, donner la sépulture à ce pauvre corps. Je ne veux pas que les os de mon père blanchissent au soleil.

NORBERT.

C'est dit. Allons, mes compères, un couplet du chant des vieux vagres ! Ça nous donnera des jambes durant la route, et ça nous affermira le cœur pour la bataille. En marche !

(*Il chante :*)

Bon bucheron, prends ta cognée,
Armez vos bras, les laboureux!
Lève ta face résignée,
Frère plaintif et malheureux!
Libres dans la forêt profonde,
Malandrins, Jacques et Routiers,
Sans incliner nos fronts altiers,
Nous narguons les maîtres du monde.

TOUS (*en chœur, refrain*).

Chassons les seigneurs malfaisants
Dont notre race est tributaire,
Jean-Pille-Homme a volé la terre,
Et la terre est aux paysans! (*Bis*).

(RIDEAU).

ACTE PREMIER.

2e TABLEAU.

LE CARTEL.

La grande salle du château de Noirval.

Au fond une immense cheminée, décorée du grand écusson de Noirval. (Voir au prologue, le tabart du héraut). Contre les murs, des attributs de vénerie, une panoplie d'armes disposée autour de la bannière du baron. A droite de la cheminée, une verrière gothique à vitraux peints. A gauche de la cheminée, une porte ouvrant sur la salle des gardes. A droite du spectateur, près d'un bahut chargé d'orfèvrerie, une ample portière en tapisserie d'Arras dissimule une porte conduisant aux appartements de la châtelaine.

Tout auprès se trouve le fauteuil seigneurial, élevé sur trois marches et couvert d'un dais armorié. Au milieu de la scène, un fauteuil à dosseret, des escabeaux, des coussins. Une table sur laquelle se trouve une viole d'amour, du plain-chant sur parchemin, des pelotes de soie, de laine, etc., dans un joli panier. Un riche tapis à terre.

Décoration d'un goût barbare, mais grandiose.

Au lever du rideau, Alde de Noirval, assise dans le fauteuil à dosseret, travaille à une tapisserie (voir la tapisserie de Bayeux), aidée par ses filles d'honneur, qui ont pour sièges des escabeaux. Le fou Grympalhaie est debout près de la table, sa marotte passée à sa ceinture avec sa dague. Deux pages jouent dans l'embrasure de la fenêtre. — Tableau animé.

SCÈNE PREMIÈRE.

DAME ALDE, OTTILDE, ELPHÈGE, GRYMPALHAIE, PAGES.

GRYMPALHAIE.

(*Il va taquiner les pages, puis revient vers la châtelaine*).

Dame Alde, voici que le ciel au crépuscule prend la couleur des yeux de Votre Grâce. Il est donc soumis à leur puissance, puisqu'il porte leur livrée ?

ALDE (*souriant*).

Chut, maître Grympalhaie.

GRYMPALHAIE.

Pourquoi : chut ? Est-ce mal de parler de vos yeux ?

ALDE.

Si notre bon chapelain entendait vos sottises qui frisent l'impiété, je crois qu'il vous en cuirait !

GRYMPALHAIE (*vexé*).

Merci pour mes sottises.

ALDE.

Ce ne sont pas des propos spirituels que vous nous tenez depuis tantôt deux heures.

GRYMPALHAIE (*avec une humble tendresse*).

Oh ! qu'il serait doux de tâter du fagot pour la gloire de ces prunelles, tour à tour bleues comme le ciel, et vertes comme la mer !

ALDE.

Vous êtes fou !

GRYMPALHAIE.

C'est mon office, à sept écus carolus de gages par an, ce qui est prébende de chanoine.

OTTILDE.

Ces sornettes offensent notre dame, Maître Grympalhaie.

ELPHÈGE.

Et voici un grand mois que vous les répétez d'heure en heure.

GRIMPALHAIE (*soupirant*).

Un mois !

OTTILDE.

Trente jours, tout autant, bonhomme ! Car voici trente jours écoulés depuis les épousailles de notre vénérée maîtresse, avec Monseigneur le baron de Noirval, et nous commençons, pour de vrai, à être assourdies de vos bavardages.

GRYMPALHAIE (*moqueur*).

Et moi, de vos caquetages, m'en plaindrai-je pas, ma-mie-bon-bec ? (*changeant de ton*). En entrant dans ce domaine, dame Alde est devenue impératrice de mon âme... Ne puis-je prétendre au sourire et à la caresse qu'elle octroie à son lévrier favori.

OTTILDE.

Dites : *qu'elle octroyait*, car il est mort.

ALDE (*surprise*).

Nemrod est mort ?

(*Le bouffon fait un geste d'inquiétude*).

ELPHÈGE.

L'autre nuit, on l'a trouvé roide, dans le fossé de la tour magne.

OTTILDE *(malicieusement)*.

Sans doute, il aura soupé de quelque dragée italienne...

ALDE.

Mais, qui donc a fait cela ?

ELPHÈGE

Comment le savoir ? Les chiens morts ne parlent pas.

GRYMPALHAIE.

Ils ont cela de commun avec les hommes.

OTTILDE *(regardant le fou avec intention)*.

Bah ! Je soupçonne la haine d'un rival... jaloux.

GRYMPALHAIE *(à part)*.

Au diantre soit la pécore ! *(haut)* Maître Étienne, notre chapelain, n'aimait point Nemrod, depuis certain coup de croc au gras des jambes... »

ALDE *(mécontente)*.

L'ami, votre licence ne connaît plus de bornes, et vous mériteriez le fouet pour oser vous attaquer à un aussi saint personnage.

OTTILDE ET ELPHÈGE *(scandalisées)*.

Maître Grympalhaie, seriez-vous hérétique ?

GRYMPALHAIE *(railleur)*.

Baste ! Ne vous scandalisez pas, les belles filles. J'expierai mon crime.

OTTILDE.

Voire ! Comment ?

GRYMPALHAIE.

Lanlaire ! En ne mangeant pas ce soir l'aile de chapon que j'ai dérobée tantôt à l'office.

ELPHÈGE.

Sacrilège, voleur et gourmand, le personnage est complet.

GRYMPALHAIE.

Je la garderai pour demain, cette aile délectable, et nous y goûterons ensemble, n'est-ce pas, ma mie-bon-bec ? Car vous aimez les fins morceaux autant que vous êtes friande de beaux cavaliers, et l'on ne sait vraiment quel péché vous brûle mieux, gourmandise, ou coquetterie.

ALDE *(sévèrement)*.

Cessez de nous conter ces sottises, maître fol, ou sinon je fais appeler un varlet qui vous baillera les étrivières.

GRYMPALHAIE *(regardant ses jambes avec complaisance, et les caressant de la main)*.

Nargue du fouet ! Tant que j'aurai l'usage des jambes que voilà... »

ALDE *(distraite, à* ELPHÈGE*)*.

Monseigneur est encore à table ?

(ELPHÈGE *répond d'un signe de tête affirmatif.)*

GRYMPALHAIE *(d'un ton repentant)*.

Que votre Grâce daigne me pardonner. Lui plaît-il, pour pénitence, que je lui chante la ballade du géant merveilleux, par qui fut si vilainement croquée la pauvre Mitaine ?

ALDE *(distraite)*.

Chantez, chantez... Cela nous donnera du moins quelque répit.

OTTILDE.

Votre Grâce s'ennuie ?

ALDE.

Oh! à périr!... Ce manoir est si plein de tristesse... Le nid du hibou!

GRYMPALHAIE *(saisissant la viole d'amour sur la table).*

C'est moi qui dirai la chanson.

OTTILDE.

Oh! que nenni, tu es trop laid.

GRYMPALHAIE.

Trop laid! Sais-tu pas que les crapauds ont une voix plus douce que celle des tourterelles enamourées?

(Après une courte lutte entrecoupée de rires, OTTILDE *lui reprend la viole, et chante, en soulignant avec intention les mots qui ont rapport avec la situation de sa maîtresse.)*

OTTILDE *(chantant).*

Mitaine est dans sa tour.
Un ogre rode autour.
— Qui sauvera Mitaine,
Pour prix de sa valeur,
Aura lèvres en fleur
Et cœur de châtelaine!

ALDE *(rêvant).*

Hélas, pauvrette! Il n'y a plus de chevaliers errants, et je tremble pour elle, car il faudrait être fou...

GRYMPALHAIE *(avec feu).*

Ce que les hommes raisonnables n'osent faire, les fous l'accomplissent parfois... Pourquoi non? Écoutez un peu. Je suis poète, à mes heures.

(Il reprend la viole à OTTILDE *et chante :)*

Si pour tenter le sort
Et lui donner l'essor,

Faut mourir à la peine,
Bannissez tout effroi,
Je sens un cœur de roi
Sous mon pourpoint de laine!

(ALDE rêve sans l'écouter.)
(OTTILDE éclate de rire.)

GRYMPALHAIE *(à part, amèrement.)*

Hélas! Paroles perdues!...

OTTILDE *(moqueuse.)*

Oh! le beau cavalier à pourfendre pâtés en cuisine!

GRYMPALHAIE.

Aïe! *(Grommelant.)* La peste soit de cette péronnelle!

OTTILDE *(à GRYMPALHAIE, qui revient en scène).*

Beau damoisel à courtes pattes, que ne nous contez-vous quelque fameux exploit d'Ogier, de Roland...

ELPHÈGE.

.... Ou des Jacques de la forêt? Notre dame raffole de ces récits, qui la font frissonner d'émoi sous ses courtines.

OTTILDE.

Votre héros Crochu-Garou a-t-il fait des siennes, en ces temps derniers?

GRYMPALHAIE.

Crochu-Garou? Pas que je sache. Sans doute, ce paillard n'a pas encore digéré son prélat.

ELPHÈGE.

Que voulez-vous dire?

GRYMPALHAIE.

Eh quoi! Ne connaissez-vous pas les récentes prouesses

du réprouvé ? Pourtant un messager en a porté les nouvelles au baillage de Rouen....

DAME ALDE *(repoussant la tapisserie.)*

Quelles nouvelles ?

GRYMPALHAIE. *(Il s'installe pour un long récit.)*

Sachez donc que dimanche dernier, l'archevêque de Rouen accompagné d'une suite nombreuse, passait en tournée épiscopale sur la route de Mesnil-Alde, quand l'officier qui commandait l'escorte s'approche et dit : Monseigneur, voici venir du hameau voisin des gens qui veulent implorer votre bénédiction. — « Non da, répond l'archevêque, ils sont plutôt envoyés pour renforcer notre escorte, car ils ont des armes. » Comme il achevait ces paroles, une pluie de flèches jette à bas dix hommes du cortège !

ALDE.

Ah Dieu ! C'était donc les brigands ! *(Elle se signe.)*

GRYMPALHAIE.

... Et des voix rauques se mettent à hurler *(grossissant sa voix :)* «Avant ! Avant ! les Jacques ! »

(Ottilde et Elphège se bouchent les oreilles avec effroi).

(Grympalhaie poursuivant :)

Les archers de la prévôté chargent cette ribaudaille..

OTTILDE.

Cela fait frémir.

ALDE *(très intéressée).*

La paix, Ottilde *(à Grympalhaie :)* continuez.

GRYMPALHAIE *(mimant le récit).*

Au milieu du heurt et de la mêlée, Sa Grandeur se sent prise à la gorge par le chef des assaillants. Elle lui crie : Je suis ton archevêque. Viens-tu de par Dieu, ou bien de par *l'autre?* Je viens, répond Crochu Garou, je viens de par le diable !

ALDE (*effrayée*).

Quelle audace !

GRYMPALHAIE.

A ce mot, toute l'escorte s'enfuit au beau galop, abandonnant l'Archevêque et ses coffres (*Il éclate de rire*). Les routiers ne lui ont laissé que la vie sauve, sa chemise, et ses chausses violettes.

ALDE (*joignant les mains de surprise*).

Et après ?

GRYMPALHAIE.

Dans cet accoutrement le prélat put gagner seul le château de Thibermesnil où commande le comte de Tanqueray, votre honoré beau père... Il a battu le pays avec une compagnie de lances, mais, son coup fait, Crochu-Garou s'était réfugié dans la forêt de Rotours où, vous le savez, il est inexpugnable.

ALDE.

Il faudra brûler cette forêt, Grympalhaie.

GRYMPALHAIE (*lui faisant la révérence*).

On y pense, madame.

ESPHÈGE.

J'en ai la chair de poule ! Traiter de la sorte un primat de Normandie !

OTTILDE.

Je n'oserai plus me coucher sans regarder sous mon lit, de peur de ce Crochu-Garou, qu'on dit noir et velu comme un ours.

GRYMPALHAIE (*railleur*).

Ouais ! ma mie, vous ferait-il moins peur, s'il était

blanc et joliet, comme Maître Claude Estival, l'écuyer, par exemple ?

(*Ottilde, embarrassée joue avec les grains de son chapelet*).

ALDE (*d'un air détache*).

J'ai ouï dire que c'est un jouvenceau ?

GRYMPALHAIE.

Voire, madame, il n'a pas plus de vingt ans. En voici quatre qu'il a gagné les bois, le soir même de la mort de son père, qui fut pendu au gibet de ce village.

OTTILDE ET ELPHÈGE.

C'est affreux ! affreux !

GRYMPALHAIE.

Ah ! c'est un hardi compagnon, mais, qu'il y prenne garde ! Il y a de grosses chaînes dans les caveaux du baillage... Le jour où l'on dressera la roue pour lui, ce sera un merveilleux spectacle.

SCÈNE II.

LES MÊMES, LARBRISSEL.

LARBRISSEL (*saluant Alde*).

Monseigneur m'envoie prévenir Votre Grâce qu'il va se rendre auprès d'elle.

ALDE (*troublée*).

Je suis la servante de Monseigneur... J'attendrai son bon plaisir (*à Ottilde et à Elphège :*) Ne me quittez pas... venez en ma chambre d'atours.

(*Elle sort, suivie de ses deux filles d'honneur*).

SCÈNE III.

GRYMPALHAIE, LARBRISSEL.

GRYMPALHAIE (*à Larbrissel, qui veut s'éloigner*).

Larbrissel, deux mots, je te prie.

LARBRISSEL.

Que veux-tu Grympalhaie ?

GRYMPALHAIE (*gravement*).

Tu as charge de remplir le hanap du baron notre sire, pendant le repas... Or, il est à table depuis midi. Me pourrais-tu dire combien de rasades tu lui as versées ?

LARBRISSEL (*inquiet, regardant autour de lui*).

Ah ! mon cher fol, si tu tiens à ta tête, ne le vas pas ennuyer de tes bourdes, car il est...

GRYMPALHAIE (*avec énergie*).

Saoul ? (*résolument, à Larbrissel qui veut s'éloigner* :) Encore un mot, gentil page, rien qu'un mot. En quelle chambre aura lieu cette entrevue des époux ? Sera-ce dans celle où Dame Alde prie et pleure chaque nuit, et que nous avons appelée « le retrait aux larmes ? »

LARBRISSEL (*inquiet*).

Je n'en sais rien... chut (*Il séloigne rapidement*).

GRYMPALHAIE (*seul*).

Par le Chef Dieu ! voilà qui ne présage rien de bon ! Ah ! pauvrette ! Ah ! misère de moi !

(MUSIQUE) (*Il tourne dans la salle, puis, il va se cacher derrière le meuble, près de la porte fermée par une tapisserie. Au moment où il disparaît, dame Alde rentre par la porte voisine, suivie de ses chambrières. La porte du fond s'ouvre, et le baron de Noirval, très ivre, les vêtements en désordre, apparaît sur le seuil.*

Il entre, laissant la porte ouverte. Dame Alde interdite reste debout.

GRYMPALHAIE (*à part, au moment où dame Alde rentre en scène.*)

Pauvre mitaine !..

(*Au moment de l'entrée du Baron*).

... Et voilà l'ogre !

SCÈNE IV.

LE BARON, DAME ALDE, OTTILDE, ELPHÈGE, GRIMPALHAIE caché.

LE BARON (*brutalement*).

Madame, les choses dont j'ai à vous entretenir ne concernent que nous seuls. Veuillez ordonner à vos filles de se retirer.

(*Sur un signe de dame Alde, Ottilde et Elphège se retirent par la grande porte que le baron va fermer au verrou derrière elles. Il revient lentement.*

ALDE (*avec dignité*).

Eh bien, Monsieur, nous voici seuls. Que me voulez-vous?

LE BARON (*riant lourdement*).

Ne vous en doutez-vous pas quelque peu ?

ALDE (*troublée*).

Parlez, Monsieur.

LE BARON (*s'asseyant sur la chaise à dosseret, tandis qu'Alde reste debout*).

Madame, il y a juste un mois que notre mariage a été célébré en ce château même... Etes-vous néanmoins ma femme? Non. Vous n'avez accepté de moi que le nom et le titre... Je ne suis pour vous qu'un étranger... et je suis venu vous dire qu'il ne me convient pas de prolonger cette situation... singulière! Et sachez que vos airs de madone n'y feront rien dorénavant... Il ne me plaît nullement d'être la risée de mes valets. On se gausse de moi aux veillées d'alentour. Jusqu'ici, j'ai par faiblesse respecté vos inexplicables caprices. A présent, j'en suis las, et je prétends user de mes droits.

(*Un silence. Avec violence*).

Vous ne répondez pas, madame?

ALDE.

Que puis-je répondre? Vous menacez, je me tais.

LE BARON.

La soumission à mes volontés est le premier de vos devoirs. Voudrez-vous enfin m'obéir?

ALDE (*fièrement*).

Je ne suis pas votre serve..

LE BARON

Vous êtes ma femme!

ALDE (*à part*).

C'est bien pis. (*haut d'une voix contenue*) Monseigneur, sachez vous contenter du fief de Mont Gargans dont j'ai agrandi vos domaines, vous l'apportant en dot, mais n'exigez point par la violence ce que je ne saurais vous accorder de mauvais gré... (*portant la main à son front*) ce chapel de roses blanches, avec lequel j'ai résolu désormais de mourir.

LE BARON (*sarcastique*).

Il fallait donc entrer à l'Abbaye de Fontevrault !... La statue glacée des crucifix, voilà l'époux qui convenait à votre chair de cire... vous auriez du moins consumé pour l'autel les flammes vertes de vos yeux !

ALDE.

Je suis prête en ceci à vous obéir !

LE BARON (*interdit*).

Comment ?

ALDE (*frémissante*).

Répudiez-moi ! je vous laisserai en pur don ma dot entière pour entrer dans ce couvent.

(*Avec une profonde tristesse*).

Hélas ! En obéissant aux ordres de mon père, je ne savais pas... Non ! je ne savais pas...

(*Par une révolte de vierge, elle cache avec honte son visage dans ses mains, comme pour éloigner une vision ignoble*).

LE BARON (*s'avançant vers elle*).

A tous les diables soient fiefs et châtellenies ! Quand je vous ai prise, Mont Gargon m'agréait fort !

(*Avec ironie*)

... Beaucoup mieux, en vérité, que votre chétive personne. Mais, du jour où vous êtes venue céans, du jour où votre hautaine présence a rempli ces murs, j'ai juré que je fondrais la neige dont vous êtes pétrie.

ALDE (*reculant*).

Vous me contraignez à entendre des propos honteux, Monseigneur !

LE BARON (*exalté*).

Votre influence sur toutes gens tient du prestige et du sortilège !... Un regard, un geste de vous, et tout obéit avec ferveur... et les têtes s'inclinent comme les épis au vent de Juillet...

ALDE (*à part*).

Il est ivre, abominablement ivre ! Mon Dieu !

(*A mesure qu'elle recule, les mains jetées en avant, le baron la poursuit lentement, la couvant d'un œil de satyre*).

LE BARON

A mon tour, je suis ensorcelé, charmé, envoûté. Je suis votre mari, et je vous aime...

(*Il tombe sur un genou. Alde pousse un cri*).

Alde, je vous adore...

ALDE (*d'un ton tristement ironique*).

Que vous avez bonne grâce à le dire ! Je ne demandais naguère qu'à vous croire... (*Le baron se relève*).

Aujourd'hui même, oubliant les répugnances que vous avez fait naître en moi, je pourrais peut-être ajouter foi à vos paroles, mais qu'avez-vous fait jusqu'ici pour me mériter ?

LE BARON (*d'un ton de persifflage*).

Que m'ordonnez-vous d'accomplir pour m'élever jusqu'à vous ?

ALDE (*gravement d'une voix qui s'élève peu à peu jusqu'à l'enthousiasme*).

Messire, faites-vous lire les chroniques de ce castel : Elles sont remplies des exploits et de la gloire de vos ancêtres... Depuis Guy de Noirval dont les couleurs flottaient à Hastings, jusqu'à votre noble père, le comte de Tanqueray, qui reçut et donna de si fiers coups de lance, aux côtés de Duguesclin le bon connétable... C'est bannière déployée qu'alors on conquérait les femmes... Nos mères, en leur ceignant l'épée, disaient à vos ascendants : « Soyez braves et forts. Nous vous aimerons, nous qui sommes faibles et craintives. » Serfs et manants se sentaient saufs en la garde de tels chevaliers... Ils ne donnaient point à celle qui portait leur nom le spectacle de festins et d'orgies durant les nuits et les jours, mais du fond des contrées lointaines, ils leur envoyaient la dépouille des ennemis de France !

(*Un temps. D'un ton méprisant*).

Et croyez-vous qu'en ce temps-là, un capitaine de routiers eut été si hardi que d'attaquer les gens d'église à une lieue de ce château.

(*Avec tristesse*).

Je ne lis que terreur sur les visages qui vous entourent... vous vous parez de la qualité de gentilhomme, mais vos vassaux vous appellent tout bas un Jean-pille-homme.

LE BARON (*tête basse, sourdement*).

Est-ce tout ?

ALDE (*avec fierté*).

Ce que nul n'ose vous dire en face, une femme vous le dira !

LE BARON (*d'un ton amer*).

Le chant des ménestrels résonne encore à vos oreilles, Madame. Si jétais allé me faire tuer à Nicopolis avec le comte de Nevers, je ne pourrais aujourd'hui contempler votre altière beauté.

(*Riant.*

C'est pourquoi...

Il fait un pas en avant).

ALDE (*l'interrompant et faisant un pas en arrière*).

C'est pourquoi, au lieu de croiser votre poitrine comme toute la bonne noblesse de France, vous n'avez croisé que vos bras, trouvant sans doute moins dangereux de festoyer avec des ribauds dans les salles basses de ce manoir, et de vous enivrer sans vergogne avec de lâches compagnons, qui vous flattent moins qu'ils ne vous honnissent. (*Elle se croise les bras*).

LE BARON (*avec une explosion de colère*).

Ah ! c'est trop longtemps supporter l'outrage d'une bouche qui ne me doit que des baisers (*menaçant*) Et je vais sur l'heure rompre le charme qui m'a dompté depuis un mois.

(*Il saisit sur le dressoir une coupe de venise*).

Ça, qu'on m'obéisse, ou je vous brise comme cette coupe de cristal !

(*Il lance le verre à l'autre bout de la salle*)

ALDE (*dédaigneuse*).

Messire, je vous méprise trop pour vous craindre..., vous ne m'aurez jamais vivante. J'aime plus haut que vous !

LE BARON (*stupéfait*).

Me narguer de la sorte ! Vous aimez ! Nommez-moi celui que vous aimez ! Son nom, vous dis-je, que je vous fasse fouailler tous deux en place publique, au bout de la même chaîne !

ALDE (*avec ferveur levant la main vers le ciel*).

Il s'appelle Monseigneur Jésus !

(*Un temps. D'une voix désolée*)

La chevalerie est morte. Je vous demande un voile ou une tombe !

LE BARON (*hors de lui*).

Ni l'un ni l'autre !

MUSIQUE.

(*Il la saisit. Lutte d'un moment*).

ALDE (*éperdue*).

Grâce ! Grâce !

LE BARON

Allons donc !

(*Il l'entraîne vers la porte qui mène à ses chambres*).

GRYMPALHAIE (*égaré, sortant de sa cachette*).

A qui fait-on violence céans ?... Non ! Non ! cela ne sera pas.

(*Il se précipite entre Alde et Noirval*)

LE BARON (*stupéfait*).

Ouais ! Qu'est ceci ? Ce maître fol nous viendrait-il épier en nos ébats conjugaux ?...

(*Grympalhaie frémissant, tire sa dague.*)

.... Et voudrai-il croiser la marotte avec nous ?

GRYMPALHAIE (*donnant sa dague à dame Alde.*)

Baronne, voici votre sauvegarde. Avec une pointe d'acier, votre Grâce sera toujours libre de se réfugier dans la mort.

ALDE (*au bouffon*).

Ami, merci. (*Elle s'élance et disparaît par la porte.*)

LE BARON (*railleur*).

Et moi qui le prenais pour un singe ! Dieu me pardonne ! C'est un chat-tigre ! Par ma barbe, le cavalier est digne de la dame !

(*Il repousse violemment Grympalhaie qui tombe à terre, puis il pénètre dans la chambre sur les pas de la baronne, et referme la porte.*).

GRYMPALHAIE. (*Il se relève et se rue contre la porte ferrée, qu'il frappe du poing et de la tête, criant avec désespoir :*)

A l'aide ! O Dieu ! n'avoir pas même la force d'un chétif enfant !

(*Montrant le poing au ciel :*)

N'y a-t-il donc rien là-haut ? Un secours d'où qu'il vienne !.... Ah !

(*Silence de quelques secondes. Le chœur des vagres, joué par un cor, retentit dans l'éloignement.*)

ESTIVAL (*accourant*).

Monseigneur ! (*Il frappe à la porte.*)

SCÈNE V.

LE BARON DE NOIRVAL, CLAUDE ESTIVAL, GRYMPALHAIE.

LE BARON (*furieux*).

Qui m'ose suivre jusqu'ici ? Vous, Estival ?

(*Grympalhaie s'éloigne prudemment vers sa cachette, tout en observant la scène*).

ESTIVAL.

C'est moi, plaise à votre seigneurie.

LE BARON.

Que se passe-t-il donc ?

ESTIVAL.

Il se passe qu'un chevalier inconnu, portant l'armure noire, a touché l'écusson de Noirval, arboré en face la Mare-Dieu.

Un écuyer, accompagné d'un héraut d'armes, sonne du cor au pont-levis. Il apporte sans doute un cartel.

LE BARON (*frappant du pied.*)

Un cartel, à moi ! Ah ! celui-là paiera pour les autres ! Mon manteau ! ma couronne ! Qu'on appelle les officiers... des torches ! de la lumière !

(*Se calmant, et reprenant graduellement une froide dignité.*)

Nous recevrons les messagers dans cette salle. Donnez les ordres nécessaires, Estival.

GRYMPALHAIE (*à part*).

Ma foi, que le chevalier noir fasse son œuvre, et le Grand Saint-Lubin, mon patron, aura belle chandelle de cire!

SCÈNE VI.

LE BARON, ESTIVAL, PUIS LE PERSONNEL DU CHATEAU, NORBERT, JEHAN-LES-GRÈGUES, etc.

(MUSIQUE).

Les valets apportent la dalmatique et la couronne à perles. On habille Noirval. Il ceint l'épée, se couronne, puis se dirige vers le fauteuil surmonté d'un dais, et s'y assied.

Les divers officiers du château, le myre, le chapelain, le fou, l'écuyer, l'échanson, le veneur, le fauconnier, le coutelier, etc., tous revêtus des insignes de leurs fonctions, entrent, défilent devant le baron en le saluant, puis prennent place à ses côtés. Le héraut d'armes, couvert du tabart, est à la droite du baron, puis vient le chapelain, et les autres suivent par rang d'honneur.

LE BARON.

Introduisez les messagers.

(*Sonnerie de fanfare. Entre deux lignes de gardes, s'avancent lentement le vieux Norbert, vêtu d'un ample tabart en velours blanc, portant brodées de larges fleurs d'iris, Jehan-les-grègues, vêtu en écuyer, et portant une trompette dont le drapeau est également orné d'une fleur d'iris sur champ d'argent, l'accompagne.*

Tous deux sont poudreux, chaussés de hautes bottes de feutre gris. La rude simplicité de leur attirail contraste avec le riche costume et le splendide cortège du baron.)

LE BARON (*avec une grande dignité*).

Je vous donne congé de parler.

NORBERT.

A toi, noble sire Raoul de Tanqueray, chevalier, baron de Noirval. A toi, mon maître le chevalier Tristan des Iris fait savoir par ma voix que pour venger une injure ancienne, il te défie en combat singulier, à fer émoulu, lance contre lance, épée contre épée, à outrance, et sans merci.

(Un temps.)

En foi de quoi, voici son gage.

(Il jette son gantelet de fer aux pieds du baron. Murmures.)

LE BARON *(à son hérault d'armes).*

Noirval, relevez ce gant *(Le hérault ramasse le gant et le tient à la main).*

LE BARON *(à Norbert).*

L'ami, va dire à ton maître que nous le rencontrerons demain à trois heures de relevée, au carrefour des Moulins. Nul n'a touché l'écusson de Noirval qu'il ne l'ait chèrement payé .. Va !

TOUS LES OFFICIERS.

Noël à Monseigneur ! Noël !

(Reprise de fanfare. Norbert et Jehan-les-Grègues s'éloignent entre les gardes. Le baron dépose lentement la dalmatique et la couronne. ALDE *tire la tapisserie, et très pâle, regarde curieusement la scène).*

ALDE *(à demi-voix).*

Qu'est ceci ?

GRYMHALHAIE *(s'est rapproché d'elle, à demi-voix)* :

Un cartel.

ALDE *(même jeu).*

Un cartel à Monseigneur ? De quelle part ?

GRYMPALHAIE *(même ton).*

On n'en sait rien encore. Celui qui nous l'envoie porte

de ténèbres à trois fleurs d'iris. Il est armé de noir, ce qui est la couleur des chevaliers qui veulent combattre inconnus.

ALDE.

Voilà qui me paraît étrange.

GRYMPALHAIE (*Il chantonne, et la regarde fixement :*)

« Serait-ce point le capitaine qu'attendait la pauvre mitaine ? »

(*Alde fait un geste de confusion. Pendant ce dialogue en à parte la scène s'est vidée*).

LE BARON (*Il s'avance vers Alde, et ploie le genou avec un respect affecté. En le voyant s'approcher Grympalhaie s'enfuit.*)

LE BARON (*ironiquement à dame Alde*).

Vous aimez la gloire des tournois et l'éclat des triomphes, Madame. Soyez contente. Je me bats demain, et si j'en crois un pressentiment, je reviendrai vers vous couvert d'assez de sang pour mériter vos bonnes grâces.

ALDE (*debout dans l'encadrement de la porte, gravement montrant le ciel*).

Monseigneur, demain est à Dieu !

(RIDEAU).

ACTE II.

3e TABLEAU.

LE CAMP DES VAGRES.

Le théâtre représente une clairière dans la forêt de Rotours. Au fond, une route qui serpente entre les arbres, par une pente assez rapide (praticable). Blocs de rochers à droite et à gauche. Grands arbres aux branches basses desquels sont suspendus des arcs et des haches, des faux au fer redressé, des fourches sont appuyées aux troncs des chênes.

A droite du spectateur, le commencement d'un camp, baraques, huttes de paille, faisceaux d'armes. A gauche, une tente faite d'étoffes tres riches, mais disparates. Cette tente est fermée sur le devant, mais elle peut s'ouvrir. Elle occupe un tiers de la scène. Au sommet flotte un drapeau noir chargé d'une potence d'argent. Elle est parée de gerbes d'iris.

Au lever du rideau, les vagres et les ribaudes vont et viennent, jouent aux dés, etc. Tableau pittoresque et très animé, éclairé par un gai soleil d'automne.

SCÈNE PREMIÈRE.

Le Capitaine NORBERT, Pierre GODAILLE, MAUGARS, JEHAN-LES GRÈGUES, HEURTEBISE, BARRABAS, LE RIOTTEUX, MAHAULT-LA-ROUSSE, Tiphaine BLANCHEFLORS, danseuses, Jacques et Ribaudes.

UN VAGRE (*chantant*).

Plus vil qu'une bête de somme,
Faut-il vivre esclave, ou mourir ?
Allons, debout, Jacques Bonhomme !
C'est trop pleurer, c'est trop souffrir.

Les corbeaux cornent leur fanfare...
La nuit sera sans lendemain
Pour le maître au cœur inhumain
Qui nous redoute, et qui s'effare!

TOUS (*Refrain*).

Chassons les seigneurs malfaisants
Dont notre race est tributaire.
Jean-Pille-Homme a volé la terre,
Et la terre est aux paysans!
(*Bis*).

BARRABAS (*Il boit à la régalade*).

C'est vrai tout de même que l'on vit en joie, à l'ombre de nos chênes et de nos pommiers!

LE RIOTTEUX (*assis à terre*).

Maugars, remplis ma tasse. (*Il lui passe son gobelet*).

MAUGARS (*couché dans l'herbe*).

Avec plaisir, mon compaing... et je la vide à la santé du Chevalier des Iris. (*Il boit et rend le gobelet vide au Riotteux qui le lui lance à la tête*).

LE RIOTTEUX (*d'un ton bourru*).

Où est-il, Crochu-Garou?

NORBERT.

... A portée de t'entendre si tu grognes, sais-tu? Ne t'avise plus de l'appeler Crochu-Garou, c'est un nom de guerre, ni le chevalier des Iris, c'est un nom de cour. Ici, parmi nous, il ne veut être que le capitaine Tristan.

TOUS, (*buvant*).

A la santé de Tristan le capitaine.

NORBERT (*Il se lève gobelet en main*).

Oui! A Tristan le bon capitaine. Je n'en connais

aucun de plus vaillant, de plus généreux, de plus ardent à la bataille... Et ce n'est qu'un enfant par l'âge.... Te souviens-tu Jehan-les-Grègues, te souviens-tu, Pierre Godaille, quand il vint, il y a quatre ans, nous demander d'être admis dans la confrérie ?

JEHAN LES-GRÈGUES (*avec admiration*).

Un failli gars de seize ans qui vous coupait une branche à cent pas...

GODAILLE.

.....Et qui buvait une pinte de brandevin au pied du gibet où son père était accroché !

NORBERT (*rêvant*).

Il fit un serment, ce soir-là.

JEHAN-LES-GRÈGUES.

Il jura de mettre les pieds sur le corps du baron de Noirval, et il l'a fait comme il l'avait dit !

HEURTEBISE, LE RIOTTEUX (*étonnés*).

Quoi ! Le baron de Noirval est mort ?

NORBERT

Au fait! c'est vrai... vous ne savez pas, vous autres.. vous revenez d'une expédition au pays d'Auge....

BARRABAS (*d'un air modeste*).

Et moi, je sors de la geole de Rouen, pour cette affaire de l'Archevêque.

HEURTEBISE (*avec mépris*).

Imbécile ! Il ne fallait pas te laisser prendre !

MAUGARS.

Capitaine Norbert, dites-nous quand, et comment fut occis le baron de Noirval.

NORBERT.

Quand ? Il y a neuf jours. Comment ? Nous y étions Jehan, Godaille et moi. Et puis... (*d'un air embarrassé*) ma foi, non. Je m'en tirerais mal. (*bouffonnement, montrant Jehan-les-Grègues*). Mon chancelier vous dira le reste. Il a été clerc de bazoche, et parle comme un procureur.

JEHAN-LES-GRÈGUES (*pérorant avec vanité*).

Il y a donc que notre capitaine Tristan provoque en combat singulier le Sire du château, selon tous rites et cérémonies de la chevalerie.

HEURTEBISE (*avec admiration*).

Il devise bien, ce Jehan-les-Grègues !

LE RIOTTEUX (*méprisant*).

Oui, mais il boit mal.

JEHAN-LES-GRÈGUES.

...La rencontre eut lieu au carrefour des Trois-Moulins, devant une belle et nombreuse assemblée de bourgeois et de vilains en habits de fête. J'étais le héraut, Pierre Godaille l'écuyer, et Maître Norbert tenait le gonfanon... Les branches des pommiers craquaient sous les grappes des jeunes gars qui s'y étaient perchés.

MAUGARS (*applaudissant*).

Très bien, très bien !

JEHAN-LES-GRÈGUES.

A trois heures de relevée, le capitaine parut, vêtu d'une armure noire. Son bouclier portait d'argent à trois fleurs d'iris. Au même instant, le baron entrait par l'autre bout de la lice. (*Mouvement d'attention, rumeurs*). A la première passe, la lance de Noirval enleva la visière du heaume de Tristan.

MAUGARS (*serrant les poings*).

On le reconnut! J'aurais chargé toute cette chiennaille !

JEHAN-LES-GRÈGUES.

Notre beau chevalier était blessé à la tête. (*Cris de colère, murmures*) ... Et des filets de sang, sourdant sous ses cheveux lui rayaient le visage, mais ses yeux luisaient comme deux écus d'or au soleil, et il souriait...

NORBERT (*attendri*).

Le brave enfant !

JEHAN-LES-GRÈGUES.

A peine le baron eût-il contemplé les traits de celui qu'il avait fait orphelin jadis, qu'un grand coup d'estoc l'abattit par terre, et il se rendit à merci.

TOUS.

Bravo !

JEHAN-LES-GRÈGUES (*avec gravité*).

A cet instant, il se passa une chose qu'on n'avait pas vue de mémoire d'homme, en pareil cas. Avec sa dague de miséricorde, Tristan trancha la tête de son ennemi.

(*Mouvement*).

Alors, courant tout d'une haleine jusqu'au carrefour du Gibet, il jeta cette tête coupée sur la tombe de son père... Puis, il se mit à genoux, et pleura.

Quand nous lui amenâmes son cheval, la foule des paysans criait : « Noël aux Jacques ! »

PLUSIEURS VIOX.

Bien, cela !

JEHAN-LES-GRÈGUES.

Mais, du haut des tours, les flèches pleuvaient dru. Nous rentrâmes sous bois en narguant la châtelaine Alde de Noirval, qui, penchée sur les créneaux, regardait singulièrement notre capitaine...

GODAILLE.

Oui-da ! Il a si belle mine ! (*Rires*).

NORBERT.

Tu as bien parlé, mon fils Jehan-les-Grègues. Ainsi mourut l'unique rejeton de la branche aînée des Tanqueray. Qu'ainsi s'éteigne cette race de vautours, et vivons en joie !

DIVERTISSEMENT.

Des ribaudes se lèvent et dansent. Plusieurs des Jacques forment le demi-cercle autour d'elles. D'autres restent vautrés dans l'herbe. Ils accompagnent la musique en frappant leurs boucliers du plat de leurs épées.

La danse achevée, dame Alde entre à cheval, par la coulisse qui fait face à la tente du capitaine. Un vagre mène le cheval par la bride. La baronne porte des gants et un long voile noir. Elle tient à la main sa houssine.

SCÈNE II.

Les Mêmes, UN VAGRE, ALDE.

LE VAGRE.

Holà ! vieux Norbert, voici qui est de bonne prise.

NORBERT.

Hé ! qui nous arrive là ?

(*Tous, Jacques et ribaudes, danseuses etc., se pressent curieusement autour de dame Alde et du cheval, jetant des exclamations*).

MAUGARS (*au vagre*).

Où diable as-tu cueilli cette belle-de-nuit ?

LE RIOTTEUX.

Elle porte le deuil, nous la consolerons !

LE VAGRE.

Je l'ai trouvée seule à la lisière de la forêt, chevauchant sur cette haquenée.

MAHAULT-LA-ROUSSE.

Je la veux ! Je veux la bête... Tu m'en as promis une, Maugars...

LE VAGRE.

Allons donc ! c'est ma part de prise.

MAUGARS.

Je te la joue à croix ou pile.

(*Les six répliques ci-dessus doivent être échangées très-rapidement, tandis qu'on se presse en tumulte*).

NORBERT (*mécontent*).

Tu es un malplaisant animal, Maugars. Ce n'est pas contre les femmelettes que nous guerroyons. Tu connais la défense du Maître à ce sujet.

JEHAN-LES-GRÈGUES (*s'approchant de dame Alde avec une révérence moqueuse*).

Dieu vous garde, Madame. Votre vue me réjouit, car nous manquons céans de ribaudes.

(*Alde lui cingle le visage d'un coup de cravache*).

ALDE (*avec hauteur*).

Vous êtes au Capitaine Tristan des Iris ? Menez-moi devers votre Maître. Je veux lui parler sur l'heure.

JEHAN-LES-GRÈGUES (*la main sur son couteau*).

Un coup de houssine, à moi ! Par la rate de mes ancêtres !

NORBERT (*le bousculant*)

Si j'en juge par tes grègues, et par ta façon d'en jouer quand pleuvent les coups, tes ancêtres étaient dératés... Va donc où l'on t'envoie, fils de ... gourgandine !

(*Jehan disparaît sous la tente*).

NORBERT (*à dame Alde, avec une affectation d'extrême politesse comiquement prétentieuse*).

Que votre grâce daigne l'excuser, le drole est mal né.

(*Il présente le poing à Alde, qui s'y appuie pour descendre de cheval. On emmène la monture*).

DAME ALDE, *à part.*

Quelle imprudence ai-je commise et quelle secrète pensée m'a poussée à me fourvoyer en telles griffes ? Quand j'ai dirigé ma promenade vers la lisière de cette forêt, j'espérais y trouver des hommes d'armes... Mais ce sont là de vrais mascarons de diablerie... Que vais-je devenir, et comment réparer ce coup de tête... J'étais donc folle ?... hélas ! Je ne suis qu'une enfant !

(*Elle aperçoit Tristan qui sort lentement de sa tente. Il est vêtu avec recherche, de couleurs sombres, et porte un bouquet d'iris à son bonnet de velours. Alde sourit avec bonheur*).

ALDE, *à part.*

C'est lui, sans doute ? Ah ! son aspect me rassure. Il ne souffrira pas qu'on m'insulte. Allons lui demander protection !... (*Elle fait un mouvement vers lui, puis s'arrête*). Qu'allais-je faire... un paysan ! (*A mesure que Tristan s'avance, la physionomie d'Alde devient fière et impassible*).

SCÈNE III.

LES MÊMES, TRISTAN.

TRISTAN.

Madame, nous avons rarement l'aubaine de recevoir une femme de qualité dans ce camp retranché. S'il vous a été fait quelque dommage il sera réparé (*avec intention*) car mes ordres sont formels de ne molester ni les femmes, ni les pauvres gens !

DAME ALDE, *hautaine, mais sans hostilité.*

Je suis ici par ma libre volonté. (*Un silence. Avec une suprême dignité*). Je suis la châtelaine du Torp, votre souveraine.

NORBERT, *d'un ton ferme, montrant l'épée de Tristan.*

Il n'y a d'autre souveraine en ce lieu que l'épée que voici !

DAME ALDE, *d'un air étrange, toisant Tristan bien en face.*

J'ai eu la fantaisie de voir de près ce rebelle de vingt ans qui fait trembler les barons, et les occit en champ clos.

NORBERT, *brutalement.*

Tuer un baron, même un comte ! (*Moqueur*). Il n'est point de pastoureau dans la plaine qui ne puisse en faire autant, à armes égales.

TRISTAN, *allant à lui et l'emmenant à l'écart.*

Norbert, mon féal, va-t-en d'ici, ou sinon, malgré l'ancienne amitié qui nous unit, je fermerai une bonne fois ta bouche discourtoise...

NORBERT, *d'un ton paterne.*

Ne fais pas le méchant. . On s'en va, petit... On s'en va ! (*Montrant d'un geste, par dessus l'épaule*). Faut-il emmener toute la bande ?

TRISTAN, *après un instant d'hésitation.*

Oui. *Il présente le poing à Dame Alde qui y appuie sa main gantée, et il la mène cérémonieusement à sa tente. Norbert mime par derrière leur démarche, en l'exagérant comiquement avec humeur).*

NORBERT, *grommelant.*

Corbleu. Va-t-on se mettre à danser la pavane, et sommes-nous à la cour du roi dément ?

TRISTAN, *irrité.*

Obéis !

NORBERT, *aux Jacques.*

En forêt, compagnons !... Et qu'on ne laisse aucun traînard, par ici. (*Au Riotteux et à Heurtebise, les mettant en sentinelle au fond de la scène*). Faites bonne garde, vous autres.

(*Tous les Jacques sortent. Murmures*).

SCÈNE IV.

TRISTAN, DAME ALDE.

Un moment de silence Tristan fait entrer dame Alde dans la tente. Il lui indique de la main une pile de coussins. Alde reste debout, l'examinant, puis elle regarde avec une curiosité d'enfant autour d'elle.

TRISTAN, *s'inclinant avec une grande douceur, d'un ton mélancolique, et portant la main à sa tête.*

Madame, si la douleur que je ressens d'une blessure à peine fermée ne suffisait pour cela, la vue de vos vêtements de deuil me rappellerait et le combat que je soutins contre votre feu mari (*avec un soupir*) et le chagrin que je vous causai en cette circonstance.

DAME ALDE, *avec un sourire mystérieux et triste.*

Ce deuil me vient de vous, Monsieur le capitaine. Je ne l'oublie point, et c'est pour cela que je suis ici.

TRISTAN.

Si, lorsque je tuai Messire de Noirval en loyal combat, j'ai brisé le cœur de votre grâce, par la benoîte Notre-Dame-des-Tristesses, j'en dois être absous !

DAME ALDE, *impénétrable.*

Je ne vous apporte point cette absolution. C'est affaire entre vous et votre conscience.

TRISTAN.

Je n'ai fait qu'accomplir un vœu solennel, juré en face du cadavre de mon père, le soir de son supplice, qui fut ordonné et présidé par le sire de Noirval... J'avais demandé grâce à genoux. (*D'un air sombre*). On m'a chassé. On a ri de mes larmes ! Pauvre père !

DAME ALDE, *songeuse*.

C'était, je crois, un paysan, né sur nos terres ?

TRISTAN, *sèchement*.

Oui, Madame. Et son crime était d'avoir coupé un arbre dans la forêt du Sire, pour réparer sa cabane.

DAME ALDE.

Mais ne frappa-t-il pas un garde ?

TRISTAN.

Ce garde se jetait sur lui, le coutelas à la main... Il s'est défendu ! (*Un silence. Avec tristesse*). Pauvre père !... Je vois encore s'abaisser sur moi, du haut de l'échafaud, son doux regard qui semblait me dire : « Mon cher petit, que vas-tu devenir sans moi ? » (*Un silence... D'une voix sombre*). Et ces yeux, ces yeux bénins, je les vois toujours, Madame !... La nuit, aux angles obscurs de ma tente, le jour, au creux des buissons, partout ils me fixent, ils me poursuivent, ils réclament vengeance ! (*Avec terreur*). Ils sont là... là... O père ! (*Avec emportement*). Vous appartenez à une race maudite... J'ai juré l'extermination de tout ce qui porte votre nom... Retirez-vous ! Partez ! Qu'êtes-vous venue faire ici ?

DAME ALDE (*avec une tranquillité mêlée de dédain*).

Le chevalier des Iris peut prendre ma tête et reconnaître ainsi la marque de haute estime que je lui ai conférée en venant seule lui rendre visite dans son camp.

TRISTAN.

Pardonnez mes paroles, Madame. (*Montrant son cœur*) J'ai là une plaie qui saignera toujours, et la douleur m'égare parfois.

DAME ALDE (*attendrie*).

Les douleurs humaines sont les mêmes sous la casaque du vilain et sous le pourpoint du seigneur.

TRISTAN (*avec tristesse*).

Vous vous trompez Madame, Nous n'avons point même façon d'aimer. Vous autres, gens de haute naissance, comment pourriez-vous connaître semblables tortures ? Le seigneur, votre père, toujours occupé de quelque entreprise, guerre, voyage, tournoi, ne vous embrasse pas trois fois l'an... (*Mouvement de la châtelaine. Avec passion*) Pour aimer son père comme j'aimais le mien, il faut avoir été son compagnon de misère. (*Rêveur et poursuivant sans faire attention à la présence de la baronne*). Il faut avoir passé les longues nuits d'hiver, blotti contre sa poitrine nue pour se réchauffer. Il faut l'avoir vu, affamé comme un loup, oublier sa souffrance en vous regardant dévorer sa part de la miche... Il faut avoir passé ses primes années à frémir sous la griffe des lâches destins... n'ayant dans toute la nature, férocement hostile, que son humble et bon sourire pour vous réconforter !... (*Dame Alde l'écoute palpitante. Tristan continue, avec une extrême douceur, et d'un ton plein de mélancolie*). Mon père n'avait plus au monde que moi... Ma mère mourut quand j'étais tout petit... Le matin, au réveil, le pauvre homme, toujours triste, m'habillait... puis il me prenait par la main, et nous allions ensemble à la pipée aux oiseaux... dans cette forêt... cette même forêt où nous sommes... Le soir, pour m'endormir, il me contait les merveilleuses légendes... le carrosse de roses des fées... les prodiges des anciens âges... Il ouvrait à mes yeux le paradis resplendissant des bienheureux, des Saintes et des Vierges !

Puis je m'endormais bercé par sa bonne voix familière et tranquille... (*Avec éclat, brusquement*). Ah ! madame, vos semblables nous traitent comme des bêtes... Si vous saviez seulement comme les bêtes aiment leurs petits ! (*Il pousse un sanglot. Dame Alde, debout, transfigurée, frémissante, l'écoute et le regarde. Un moment de silence. Elle s'incline alors, devant lui, comme vaincue, ploie les genoux, lui prend les mains*).

DAME ALDE.

Pardon !... Pardon !...

TRISTAN, *stupéfait.*

Que faites-vous, madame.

DAME ALDE, *doucement.*

J'implore !

TRISTAN, *éperdu.*

Je vous en supplie, relevez-vous.

DAME ALDE, *d'un ton solennel.*

Pardon, vous dis-je ! pour l'âme de celui dont je porte le nom !

TRISTAN, *lui tendant la main pour la relever.*

Dame Alde la miséricordieuse, je ne sais si je suis le jouet d'un songe. Si quelque fée des marais dormants a pris votre forme pour m'entretenir cette vêprée. (*Avec une passion débordante.*) Mais ce que vous venez de faire m'attache à vous pour la vie.... (*D'un ton solennel.*) Oui, je pardonne à l'ombre de celui dont vous avez été la compagne... (*Fléchissant le genou.*) Et c'est moi qui vous prie de me recevoir à merci... de me compter au nombre de vos féaux serviteurs. (*Il baise le bas de la robe de dame Alde, et se relève.*)

DAME ALDE, *après un silence, balbutiant.*)

Il est probable, sire Tristan, que cette entrevue sera la

première et la dernière, et que l'occasion ne s'offrira jamais à moi de mettre à l'épreuve le dévouement dont vous m'assurez. (*Mouvement de Tristan.*) Toutefois, je l'accepte. Sans le savoir, vous m'avez sauvée d'un péril que je ne puis vous dire.... Votre défi au baron, mon maître et seigneur, m'avait fait pressentir la grandeur et la noblesse de vos sentiments... A présent que je connais le motif de votre vengeance, je ne regrette point ce que j'ai fait... en venant à vous. (*Un silence. Dame Alde continue d'un autre ton.*) Les barons du pays, réunis sous les ordres du comte de Tanqueray ont clamé contre vous le ban et l'arrière-ban.

TRISTAN, *souriant.*

Qu'importe !

DAME ALDE.

On prépare une battue générale.

TRISTAN, *même jeu.*

Qu'importe !

DAME ALDE.

Il ne sera fait aucun quartier.

TRISTAN, *même jeu.*

Qu'importe !

DAME ALDE.

J'ai tenu à vous prévenir moi-même, ne pouvant en charger nul autre sans risquer à la fois sa tête et ma liberté. Maintenant, beau sire, mon message est délivré. Je suis quitte envers vous.

TRISTAN.

Vous me protégez, madame.... Pour moi.... Je vous répéterais une fois encore : Qu'importe ! Mais je vous dis merci pour les braves compagnons qui m'entourent.

DAME ALDE, *avec noblesse.*

Maintenant, pour vous prouver que je vous traite en gentilhomme, je vous prie de me reconduire jusqu'à la plaine, afin que je puisse librement retourner au château.

TRISTAN, *avec joie.*

Par ma foi! Je vous ramènerai, madame, jusqu'au pont-levis même. Et pour montrer combien je crains peu vos archers, j'y veux aller sans armure!.... (*D'une voix plus calme.*) Reposez-vous là, madame, durant que je donnerai des ordres.

(*Il sort de la tente et en referme les courtines sur dame Alde.*)

SCÈNE V.

TRISTAN, JEHAN-LES-GRÈGUES, puis NORBERT.

TRISTAN.

Holà! Jehan-les-Grègues.

JEHAN-LES-GRÈGUES, *paraissant.*

Vous m'appelez, capitaine?

TRISTAN.

Oui. Qu'on selle à l'instant mon cheval.... Qu'il soit conduit avec la haquenée de cette dame... là haut, sur la route, au sommet de la pente.... Et qu'on fasse vite! Mon plus beau tapis de velours sur la haquenée, et les plus belles fleurs qu'on pourra cueillir.

JEHAN-LES-GRÈGUES.

Combien d'hommes d'escorte?

TRISTAN.

Point d'escorte !... Mais toute la troupe échelonnée dans les herbes et les taillis, d'ici à la lisière de la forêt. (*Jehan les-Grègues salue et sort. Norbert entre par la gauche. Il a entendu les derniers mots de Tristan*).

LE CAPITAINE NORBERT, *à Tristan.*

Fils, où veux-tu donc aller ? *(Bas)* si la châtelaine est enamourée (*en confidence*) et cela me saute aux yeux... que ne la gardes-tu ?

TRISTAN, *avec indignation.*

Tu es bien le vieux fou le plus dissolu qui ait jamais revêtu le haubert !... (*avec mélancolie*). Où prends-tu donc que les dames de noble lignée aient de ces bontés pour de pauvres capitaines d'aventures ?... (*D'un ton de gaité affectée*). Il ne s'agit point d'amourettes, mais de solides horions à distribuer et à recevoir... (*sérieux*) car toute la noblesse du pays se lève contre nous.

LE CAPITAINE NORBERT, *gravement.*

Bien cela ! (*après réflexion*) Mais tu ne prétends pas renvoyer chez nos ennemis une femme qui connaît désormais la plus sûre, la plus cachée de nos retraites ?

TRISTAN, *avec hauteur.*

Maître Norbert, je crois que vous m'interrogez ? (*avec décision*) Sachez que dame Alde, baronne de Noirval, va partir à l'instant .. que seul je l'escorterai...

LE CAPITAINE NORBERT, l'*interrompant.*

Tu es aussi fou que notre roi Charles VIe du nom !

TRISTAN, *continuant.*

Et que je casserai la tête au premier qui fera mine de nous suivre. (*Il se coiffe de son bonnet fleuri et assure son épée dans le fourreau*).

LE CAPITAINE NORBERT, *à part.*

Hélas ! pauvret... Elle lui a jeté un charme ! C'est un guet-apens ! Je flaire quelque diabolique manigance.

SCÈNE VI.

LES MÊMES, DAME ALDE.

Elle a rabattu son voile. Tristan lui offre la main.

TRISTAN, *suppliant.*

Je vous en supplie, dame Alde... Donnez-moi votre gant !... que je le porte comme amulette et gage de pardon.

LE CAPITAINE NORBERT, *à part.*

Traverser tout le pays sans hoqueton, sans même une chemise de mailles... sotte bravade !

DAME ALDE, *ayant ôté son gant, le donne à Tristan qui le baise et le place sur son cœur.*

Le voici. Mais partons !

LE CAPITAINE NORBERT, *à part.*

Il est clair qu'on lui a dépêché cette gouge pour le livrer au château mort ou vif !... Il est ensorcelé !...

DAME ALDE, *tendant la main à Tristan.*

Venez !... Partons !... *(Tristan lui baise la main longuement. Elle crie.)* Ah ! partons !...

LE CAPITAINE NORBERT, *à part.*

Tant pis ! Je veux encore l'avertir.

(Haut, criant d'une voix retentissante, tandis que Tristan et dame Alde remontent la scène).

Petit, prends garde aux fondrières !...

(RIDEAU).

ACTE III.

4e TABLEAU.

GRYMPALHAIE.

Même décor qu'au 1er acte. Les tapisseries des portes ont été remplacées par des draperies noires.

SCÈNE PREMIÈRE.

GRYMPALHAIE, LARBRISSEL, CLAUDE ESTIVAL.

Ils causent, assis sur des escabeaux, jambes croisées, dans des attitudes familières.

GRYMPALHAIE (*continuant un récit*).

Tout ce que je vous puis assurer, c'est que les choses se sont passées ainsi. La dame ne revint qu'à la nuit tombée... Il paraît que Crochu-Garou l'avait accompagnée jusqu'à la porte... (*d'une voix altérée*) Et même, qu'il lui baisa la main, lorsque la herse fut levée.

LARBRISSEL.

Et que dit alors la dame, notre maîtresse ?

GRYMPALHAIE (*soucieux*).

Que son cheval s'était emporté sur la route de Thibermesnil, qu'elle avait été secourue et ramenée à la nuit close, par un cavalier inconnu, lequel n'attendit point qu'on le remerciât pour prendre la poudre d'escampette. (*Il rit amèrement*).

ESTIVAL.

Et c'est à la suite de cette aventure que Monseigneur de Tanqueray tenta de pénétrer dans la forêt de Rotours, à la tête de trois cents lances...

LARBRISSEL (*moqueur*).

...Qui s'enfuirent comme une volée de corneilles.

GRYMPALHAIE.

Par le chef-Dieu! avant d'avoir franchi les taillis, la troupe était déjà décimée par les flèches que lançaient des archers invisibles...

LARBRISSEL.

Et le Comte lui-même n'eut la vie sauve que grâce à la vitesse de son cheval!

ESTIVAL.

On avait compté vaincre les Jacques par surprise, mais on les trouva sur leurs gardes.

GRYMPALHAIE (*avec intention*).

Certainement, quelqu'un d'ici avait parlé...

ESTIVAL.

C'est impossible! Les malandrins n'ont point d'amis, céans.

LARBRISSEL.

Je ne soupçonne personne, mais si on le découvrait, je ne souhaiterais pas être dans les chausses de ce quelqu'un-là.

ESTIVAL.

Aussi, depuis cette malheureuse journée, le vieux Tanqueray épuise-t-il son cerveau à ruminer ruses, feintises et stratagèmes pour forcer l'ennemi hors du bois, car ce n'est qu'en rase campagne qu'on pourra l'exterminer!

(*Bruit de cloche, sonnant à toute volée*).

LARBRISSEL.

Ah! voici que la messe est finie... (*moqueur*) notre chapelain a dépêché ses oremus, ce matin!

GRYMPALHAIE, *amèrement*.

C'est qu'on ne marmotte pas beaucoup de De profondis pour l'âme damnée du baron défunt!... (*Il rit*).

ESTIVAL.

Chut!... On vient.

(*On entend un bruit de pas.*)

SCÈNE II.

LES MÊMES, DAME ALDE, LE COMTE DE TANQUERAY. CORTÈGE. (MUSIQUE).

Toute cette scène est muette. La porte du fond s'ouvre. On voit paraître d'abord Tanqueray, donnant la main à dame Alde tous sont en grand deuil. Derrière eux viennent Ottilde et Elphège; puis un page, portant sur un coussin un grand missel, avec des signets; derrière encore, deux autres chambrières et deux pages. Ce cortège traverse toute la scène lentement, sans mot dire; Grympalhaie, Estival et Larbrissel s'inclinent profondément. Le comte accompagne dame Alde jusqu'à la porte encourtinée de velours noir. Là il la salue avec respect; elle sort, suivie de ses femmes. D'un geste, le comte congédie les pages en premier lieu, puis Larbrissel et Estival. Dès qu'il est seul avec Grympalhaie, il va prendre sur le dressoir un hanap, tout préparé, qu'il boit lentement, puis il revient s'asseoir près de la table, dans le grand fauteuil à dosseret.

SCÈNE III.

LE COMTE DE TANQUERAY, GRYMPALHAIE.

GRYMPALHAIE, *il chante*.

C'était un franc varlet,
Ce luron de lurette,
C'était un franc varlet
Au teint blanc comme lait.

(*Insidieusement*). Révérence parler, votre seigneurie sait-elle la différence qui existe entre dame Alde et un cierge de la chapelle ?

TANQUERAY, *préoccupé, de mauvaise humeur.*

Maître fol, le moment est mal choisi pour me rompre la tête de tes bavardages.

GRYMPALHAIE, *imperturbable.*

Il n'y a aucune différence, noble Comte, car ma noble maîtresse est longue et blanche comme un cierge, (*riant*) et de même que les chandelles de cire, elle est lentement consumée par une flamme. (*un silence*).

TANQUERAY, *songeur.*

Tant que l'injure dont un manant a souillé le blason de Noirval n'aura pas été lavée dans le sang de ce drôle, notre bru bien aimée, veuve de notre fils unique, est de trop bonne race pour recouvrer la sérénité de son esprit.

GRYMPALHAIE, *à part.*

Savoir ! (*Il se met à siffler*).

TANQUERET, *poursuivant.*

Plaisir et joie ne sauraient exister près de la tombe à peine close de mon fils... (*avec colère*) car il semble que sa mort doive rester sans vengeance !

GRYMPALHAIE, *il chante.*

Par m'mâe il est plus bel,
Disait la bachelette....
Plus vaillant et plus bel
Que Monsieur Saint Michel.

(*Il éclate de rire.*)

TANQUERAY, *fâché, durement.*

Petit, tu vas tâter des étrivières, tout-à-l'heure, si tu ne m'expliques ce que tu marmones là-bas dans ce coin.

GRYMPALHAIE, *cauteleusement.*

Oh ! sire, moins que rien !... Je disais seulement que dame Alde est trop bonne chrétienne pour souhaiter la mort du pêcheur. (*hésitant*) surtout...

TANQUERAY, *brusquement.*

Surtout ?... Vite !

GRYMPALHAIE, *avec une mine hypocrite.*

Surtout quand le coupable est un marjolet de bonne mine !...

TANQUERAY, *se levant.*

Bouffon, bouffon, la tête te pèse donc bien peu sur les épaules que tu oses prononcer de telles paroles ?...

GRYMPALHAIE, *avec dédain.*

Ma tête ?.. Vous la pouvez cueillir si le cœur vous en dit... Bien que ce soit la seule de ma connaissance qui contienne quelques brins de cervelle, je ne demande qu'à la troquer contre un crâne de cimetière... Dans cinquante ans d'ici, dame Alde, le chevalier des Iris et moi, nous aurons même tête (*rêvant*) où seront alors les cheveux blonds de la baronne, les boucles noires du capitaine, et la grise tignasse du bouffon ?... La mort console.

TANQUERAY, *furibond.*

Marmot du diable, explique toi sur l'heure ou je te ferai clouer vivant, comme une chauve-souris, sur la porte du manoir !

GRYMPALHAIE, *humblement.*

Or, donc, puisque vous l'ordonnez je parlerai. Dieu m'est témoin que je ne cède qu'à votre volonté. Mais, il convient d'abord que vous me permettiez de vous interroger.

TANQUERAY.

Que veux-tu dire ?

GRYMPALHAIE, *méchamment.*

Le souvenir de votre récente expédition dans la forêt de Rotours est encore trop vif en votre esprit pour qu'il soit nécessaire de vous énumérer les dangers que peut courir une dame qui s'en va seulette en ce lieu redouté pour y cueillir la marjolaine... (*Tanqueray frappe du poing la table. Sans s'émouvoir :*) Pourtant dame Alde a pu s'y promener toute une longue soirée sans malencontre. M'est avis que le galant qui l'a reconduite jusqu'ici avait de bonnes raisons pour jouer des éperons comme il l'a fait ensuite.

TANQUERAY, *courroucé.*

Scorpion!.. (*D'un ton radouci*) Quelque fils de métayer, un garçonnet timide, que l'apparat d'une réception au château aurait troublé...

GRYMPALHAIE, *avec malice.*

Point, Monseigneur! J'ai la preuve du contraire. Dimanche, à la grand'messe, un loqueteux se tenait sous le portail et contrefaisait l'aveugle.

TANQUERAY.

Qu'en sais-tu?

GRYMPALHAIE.

Heu!.. Je me doutais de quelque chose!... Et son coup fait, je l'ai vu courir comme s'il avait eu une charretée de diables à ses trousses.

TANQUERAY.

Son coup fait! Quel coup? Mais parle donc!

GRYMPALHAIE, *ricanant.*

Patience! Près de lui se tenait un moine célestin qui récitait béatement la neuvaine au grand Saint-Lubin, lequel est figuré sous le portail avec de belles braies rouges, et guérit de la migraine...

TANQUERAY, *s'emportant.*

Or çà; ne peux-tu raccourcir ton discours, et te prends-tu sérieusement pour un docteur de Sorbonne ?

GRYMPALHAIE, *continuant tout d'une haleine.*

Au moment où dame Alde montait les degrès, le truand se mit à braire une antienne, et toucha le chapelet de la baronne. Comme elle lui jetait sa bourse, le moine abaissa son capuchon. Alors...

TANQUERAY, *anxieux.*

Alors ?..

GRYMPALHAIE, *hypocritement.*

Dame Alde le reconnut, sans doute, car elle laissa choir son livre d'heures et fit un cri...

TANQUERAY, *soucieux.*

Il m'en souvient, et aussi d'avoir repoussé du pied le loqueteux qui l'avait ainsi effrayée. (*Il va et vient dans la salle*).

GRYMPALHAIE.

Oui-dà ! Ce n'était aucunement de l'effroi, mais bien de la joie qu'exprimait le cri de la châtelaine... Le moine se baissa, ramassa le missel et le lui rendit très humblement.

TANQUERAY, *soulagé.*

Je ne vois... rien en tout ceci qui puisse justifier tes malveillantes insinuations.

GRYMPALHAIE, *déclamant, d'un ton où la rage se mêle à la moquerie.*

Sire de Tanqueray, comte de Thibermesnil, voulez-vous savoir comment s'appelle le mendiant qui secouait sa sébille sur les marches de la chapelle ? Il a nom Norbert-le-Vagre. Et quand au moine, qui vagabonde si allègrement loin de son couvent...

TANQUERAY, *anxieux :*

Eh bien ?

GRYMPALHAIE, *d'une voix retentissante.*

Ce n'était rien moins que Crochu-Garou, surnommé le capitaine Tristan des Iris par toute l'engeance des Jacques, routiers et malandrins dont cette noble contrée est rançonnée à merci depuis les grandes guerres ! »

TANQUERAY, *furieux, saisit Grimpalhaye à la gorge.*

Ainsi tu n'avais qu'à sonner le mot, nous le tenions enfin !... Et tu n'as point descellé tes lèvres maudites !...

GRIMPALHAIE, *échappant à son étreinte, avec un accent de rancune et de colère.*

Je ne suis point gendarme... Et je voulais, avant de parler, m'assurer d'une chose. Je voulais savoir...

TANQUERAY, *violemment.*

Quoi donc ?

GRIMPALHAYE, *sournois.*

Ce que le prétendu moine avait glissé dans le livre d'heures.

TANQUERAYE, *stupéfait.*

Par la coiffe Dieu ! quel admirable prévôt tu ferais !... Et qu'as-tu découvert, dans ce missel ? Quelque supplique? Un humble recours en grâce ?

GRIMPALHAYE, *avec malice.*

Mieux que cela !

TANÊUERAY.

Dis vite !

GRIMPALHAYE, *moqueur.*

Ma foi ! c'est un sonnet à l'italienne, tel qu'en pourraient soupirer vos damerets de l'hôtel Saint Pol, à la cour du roi Charles.

TANQUERAY, *furieux.*

Tu mens !

GRIMPALHAYE,
allant à la verrière et se penchant pour regarder au dehors.

Voici dame Alde qui sort de son oratoire et s'en va promener sur la plate-forme ses amoureuses songeries. Tout à l'heure, si vous l'ordonnez, je vais prendre son missel dans l'oratoire...

TANQUERAY.

Va donc au plus vite, et rapporte-nous cette joyeuse épitre.

(*Grimpalhaye sort*).

SCÈNE IV.

TANQUERAY (seul) *d'un air sombre :*

Que vais-je apprendre ? Je me suis trouvé à de fières rencontres, mais jamais le cœur ne m'a battu si fort qu'en cet instant. Mon Dieu ! Eloignez cet opprobre de mon front !

SCÈNE V.

TANQUERAY, GRYMPALHAIE
(*qui revient avec le missel*).

GRYMPALHAIE.

Beau sire, voici le livre de prières. (*le flairant*). M'est avis qu'il sent le souffre !

TANQUERAY.

Donne-le moi.

(*Grympalhaie remet le missel au comte, qui l'ouvre, et en fait tomber une feuille de parchemin enluminée*).

TANQUERAY.

Ah ! qu'est cela ?

GRYMPALHAIE (*le ramassant et l'examinant*).

Une belle peinture, signée par le meilleur imagier de Rouen. Voyez : le sujet n'est-il pas plaisant ? Il représente un vitrail de chapelle où se trouvent deux figures : Une dame, un chevalier... Afin qu'il n'existe aucun doute sur ces personnages, on a pris soin d'y mettre leurs blasons. Regardez plutôt.

TANQUERAY (*surpris*).

Le lion de Noirval et les iris de ce drôle... Que veut dire cette mômerie.

(*Tendant le parchemin ou fol.*)

Vite, déchiffre le grimoire.

GRYMPALHAIE (*Il prend le parchemin, et lit avec un mélange d'ironie, de haine et d'emphase :*)

LE SONNET DU VITRAIL.

Sous un cintre voûté, la vitre aux cent couleurs
Rayonne, illuminant la vieille cathédrale,
Deux arceaux, adornés de trèfles et de fleurs,
Encadrent deux portraits sur le ciel teint d'opale.

Le premier, dont les yeux semblent noyés de pleurs,
Fut noble châtelaine en sa robe claustrale,
Et Tristan des Iris, fameux par ses malheurs,
Fait un pendant plaintif à l'image ogivale.

Pauvre serf, fils de serf! — La dame était de sang
Trop noble, et descendait d'un seigneur très puissant....
Il mourut sans baiser sa bouchette vermeille!

Mais, la nuit, quand tout dort, il quitte son vitrail,
Et la reine lui tend ses lèvres de corail,
Sans souci du grand chien qui, sous leurs pieds, sommeille

(*Jetant le parchemin sur la table :*)

Eh bien, messire, que vous en semble? La tournure en est délicate...

TANQUERAY, *s'asseyant accablé, d'un ton amer.*

On croit rêver !...

GRYMPALHAIE, *sentencieusement.*

La femme est un être fallacieux et fugace, plus près de l'ange et plus près de la bête que l'homme, son maître et naturel compagnon. (*Il continue sans que le seigneur paraisse faire attention à lui.*) C'est la cause que notre entendement est fermé à la compréhension des choses féminines. L'âme des femmes ressemble à mon pourpoint mi-parti de noir et de bleu céleste. Quand ce sont les idées bleues qui leur bourdonnent en la cervelle, elles viennent de trop haut. Nous n'y pouvons atteindre. Quand, au contraire, advient le branle des idées noires, elles montent de trop bas, et nous n'y voyons goutte.

TANQUERAY, *sortant de sa torpeur.*

Trève de philosophie !... (*Brusquement:*) Va quérir dame Alde... (*La porte s'ouvre et dame Alde paraît avec Ottilde et Elphège. A Alde.*) Ah! c'est vous, madame ma bru? Vous arrivez à propos.... Or ça, renvoyez vos femmes. J'ai à vous entretenir sur l'heure, et de choses qui, par ma foi! mettront du rouge sur vos joues. (*A Grympalhaie, brutalement.*) Et toi, notre ami, qu'on déguerpisse incontinent !... Et ne reparais pas que je ne t'appelle, si tu ne veux être fouetté en chien courtaud !

(*Grympalhaie et les femmes sortent avec un geste de terreur.*)

SCÈNE VI.

LE COMTE DE TANQUERAY, DAME ALDE, puis ESTIVAL.

DAME ALDE, *s'avançant.*

Eh bien ! Beau sire, que se passe-t-il donc ?

TANQUERAY, *rudement. Il s'assied sur le siège surmonté d'un dais et se couvre.*

Vous savez que je suis sénéchal de Normandie, et que cette qualité me donne le droit de haute et basse justice.

DAME ALDE, *calme.*

Je ne sache pas que l'on vous ait jamais contesté ce droit, monseigneur.

TANQUERAY, *s'animant.*

Or ça, il convient que vous m'aidiez à juger sur l'heure une gourgandine dont la paillarde humeur traîne dans la fange, au milieu des risées, l'écusson de sa famille et le nom de son mari.... Une misérable qui porte à son front le tortil emperlé d'un baron, pour s'aller vautrer en la compagnie, non d'un homme noble, non pas même d'un écuyer ni d'un vassal, mais du plus vil manant, d'un voleur de grands chemins, du propre meurtrier de son mari !... (*Il éclate en sanglots. Un silence.*)

DAME ALDE, *d'une voix très altérée.*

Dieu me pardonne, monseigneur! serait-ce de votre servante que vous avez osé parler ainsi?

(Le comte lui tend le sonnet enluminé sur la feuille de parchemin.)

TANQUERAY.

Voici qui vous accuse de félonie et de trahison contre le pays et contre nous-même. Nierez-vous avoir reçu ce parchemin des propres mains de ce... Crochu-Garou?

DAME ALDE, *avec indignation.*

Ainsi, vous avez pénétré dans ma chambre, vous avez dérobé mon livre de prières, et c'est vous qui me rappelez au sentiment du devoir, au soin de ma dignité?... Celui dont vous avez parlé tout à l'heure, et dont vous ne pouvez prononcer le nom sans y accoler une injure, ce chef de routiers rougirait de commettre une action aussi déshonnête!

(*Elle jette le parchemin sur la table.*)

TANQUERAY, *furieux.*

Ah! la louve défend le loup!.. Par le triple Dieu vivant! c'est une plaisante chose, pour une femme de votre lignée, que de fleureter avec l'assassin de son époux!. Eh! vous n'aurez garde de laisser insulter votre amant!..

DAME ALDE, *avec véhémence.*

Comte de Tanqueray, vous mentez! A mon insu, par surprise, ce papier fut glissé dans mon livre d'heures. En toute ma vie, je n'ai vu le chevalier des Iris que pendant quelques moments, en public... Lui seul m'a traitée avec la discrétion qui convient à un gentilhomme, et je n'ai reçu de vous, de votre fils et des vôtres que des traitements que désavouerait le plus brutal de vos soudards!.. *(sans répondre, le Comte hausse les épaules; il porte à sa bouche un sifflet suspendu à sa chaîne d'or et siffle).*

Qu'allez-vous faire?

TANQUERAY.

Vous le verrez sur le champ !

DAME ALDE, *alarmée.*

Songez que je suis la veuve de votre fils !

TANQUERAY.

J'y songe madame... Et si vous oubliez les devoirs que cette qualité vous impose, je n'oublie pas, moi, ceux que me donnent mon titre de père du malheureux défunt !

(*La porte s'ouvre. Entrent l'écuyer Estival et Grympalhaie, ensemble*).

TANQUERAY, *à Estival.*

Que l'on conduise cette femme... (*se reprenant*) madame ma bru, dans son appartement. Placez deux archers à sa porte... Je fais défense expresse de la laisser communiquer avec âme qui vive !

GRYMPALHAIE, *à part.*

Oh ! Oh ! ne serions-nous pas allé trop vite !

ESTIVAL, *hésitant.*

Monseigneur !

TANQUERAY, *avec un geste impérieux.*

Obéis !...

(*Estival s'incline, dame Alde se dirige vers la portière de velours, la soulève et entre chez elle, suivie d'Estival. On entend grincer les verrous, la clef dans la serrure*).

SCÈNE VII.

LE COMTE DE TANQUERAY, GRYMPALHAIE.

TANQUERAY, *après avoir fait quelques tours dans la salle, d'une voix douce et triste.*

Viens ça, notre ami. Je t'ai fort malmené tout-à-l'heure,

et pourtant tu avais fait preuve d'intelligence. *Grympalhaie approche en se dandinant.* Je te dois un dédommagement. Tiens ! prends ceci pour ta peine. (*Il ôte sa chaîne d'or et la lui donne, le fou la prend, la baise et se la passe au col.*)

GRYMPALHAIE.

Grand merci, noble sire ! (*un silence*).
Ainsi... dame Alde ?... (*Il s'arrête*).

TANQUERAY, *avec emportement.*

Dame Alde est sequestrée dans ses chambres et n'en sortira que pour entrer au giron de l'Église. . Un cloître en fera justice !... Ce ne sera pas trop des jours qu'il lui reste à vivre pour pleurer son crime... Dès demain, je l'enverrai sous bonne escorte aux Dames Emmurées de Rouen !

GRYMPALHAIE, *vivement.*

Gardez-vous en bien !

TANQUERAY, *étonné.*

Que signifie ce propos ?

GRYMPALHAIE.

Si j'ai bien compris votre pensée, votre but est d'attirer Crochu-Garon et ses bandits en rase campagne pour les taillader et tronçonner à fer de glaive ?

TANQUERAY.

C'est la vérité, ami bouffon.

GRYMPALHAIE, *songeur.*

Messire, votre Grâce a-t-elle jamais admiré cette petite boîte merveilleusement affûtée que l'on nomme une ratière ?

TANQUERAY, *riant.*

La belle question ! Y veux-tu emprisonner ces pendards ?

GRYMPALHAIE.

Quand un rat ravage les cuisines l'on a coutume pour l'attraper de placer au fond de la boîte un lardon tendre et savoureux, dont le parfum attire le vorace messire. Eh bien, la herse de ce château se lève et s'abat de même que la planchette d'une ratière, et pour y attirer ce malplaisant animal qui a nom Crochu-Garou, vous ne sauriez trouver chair plus blanche, plus délicate, que celle dont la souvenance hante ses jours et ses nuits !

TANQUERAY, *éclatant de rire.*

Par la coiffe Dieu, l'ami ! tu es gentil compagnon, bien avisé et précieux en conseil, et je m'ébahis qu'avec autant d'esprit, tu ne sois pas déja cardinal.

GRYMPALHAIE, *triomphant.*

Faites répandre par ce pays le bruit que dame Alde est recluse ici contre son gré, et qu'on l'y soumet aux pires traitements. Ou je me trompe fort, ou connaissant l'humeur du chevalier Tristan, je puis vous assurer que sous peu de jours ce manoir devra subir un siège en règle. (*Mouvement du comte qui écoute avec attention en approuvant du geste*). Que la garnison de Thibermesnil prévenue par un signal convenu, fasse alors diligence et accoure à nous. Les malandrins, assaillis des deux côtés, loin de l'abri des bois, seront déconfits. Pas un n'échappera !

TANQUERAY, *émerveillé.*

C'est merveille de t'entendre machiner les choses ! Vraiment, on croirait que tu n'as fait toute ta vie que porter le haubert et brandir l'estramaçon... Tu as par ma foi ! la langue bien pendue, et je compte sur toi d'abord pour proclamer à cor et à cri ce qu'il faut que l'on croie, afin que notre plan réussise... Dis-le premièrement aux pages et aux commères. La nouvelle fera du chemin par la contrée Je vais mander un message à Thibermesnil pour prévenir les sergents d'armes qu'ils se tiennent prêts ! Un grand feu allumé au faîte du donjon sera le signal de l'approche des Jacques... Dès que le guetteur de Thibermesnil en apercevra la clarté ou la fumée selon qu'il sera nuit ou jour, toute la garnison devra se mettre en marche à franc étrier... (*Joyeusement*). Ah ! monsieur le brigand, il ne vous faut rien moins qu'une baronne pour vos ébats amoureux ! Il vous en cuira, ou par la lance Saint Martin, je mourrai à la tâche !

(*Tanqueray se dispose à s'éloigner pour aller donner des ordres. Grympalhaie le retient d'un geste suppliant, et lui prend la main droite qu'il baise.*

GRYMPALHAIE.

Maintenant que les résolutions urgentes sont prises, et les plans dressés, il me reste une faveur à implorer de votre seigneurie.

TANQUERAY, *avec bonté.*

Quelle, ami bouffon ? Si la chose est en mon pouvoir, je te l'octroie volontiers.

GRYMPALHAIE, *piteusement.*

Noble sire, au besoin, je rendrai la chaîne d'or ! Je n'implore pour récompense qu'une promesse.

TANQUERAY, *railleur.*

Vas-tu me demander de t'armer chevalier ? Veux-tu des lettres de noblesse ?

GRYMPALHAIE, *hésitant.*

Promettez-moi seulement sur votre foi de gentilhomme qu'il ne sera fait nul tort, nulle injure, soit en paroles, soit en action à dame Alde, votre bru, et que jusqu'au jour de sa prise de voile, elle ne sera molestée ni par vous, ni par personne des votres !

TANQUERAY, *stupéfait.*

Ouais !... (*riant*) Sur mon âme, maître fol, on ne sait jamais si tu railles ou bien si tes paroles sont de bon aloi ! Qui t'a féru d'un si beau zèle pour celle que tu accusais toi-même, il n'y a pas une heure ?

GRYMPALHAIE, *piteusement.*

Hélas, monseigneur ! ne vous devais-je pas déclarer la vérité tout entière, afin de vous amener à donner les ordres nécessaires pour dénouer cette intrigue et dresser un piège à vos ennemis ?

TANQUERAY.

D'accord ! mais pourquoi maintenant faire appel à notre clémence ?

GRYMPALHAIE, *poursuivant.*

Si je n'avais fourni des preuves palpables, qui aurait cru la parole d'un pauvre bouffon ? Est-ce moi qui commande en ce manoir, et pouvais-je agir sans vous ?

TANQUERAY.

Tu dis vrai... Après ?

GRYMPALHAIE, *chaleureusement.*

Maintenant que mon devoir est accompli, maintenant que j'ai fait passer dans l'esprit de Votre Seigneurie la certitude ne son prochain triomphe qu'il me soit permis de le lui dire... (*D'un ton pénétré, avec feu*) Nous autres, pauvres hères trop faibles pour porter les armes, nous avons l'écorce moins dure que les gens de guerre... Nos natures nerveuses et maladives comprennent mieux l'âme des femmes... Là où le dur chevalier tout en fer ne voit que la brutalité d'un fait, nous découvrons mille circonstances souvent invisibles aux yeux des autres, qui ont creusé la pente et causé la chute... Je voudrais pouvoir protéger dame Alde, ma noble maîtresse, contre vous, contre le chevalier des Iris, contre elle-même !...

TANQUERAY, *avec admiration.*

Tu prêches comme un petit monachus, mais pourquoi t'arrêter en si beau chemin ? Puisque tu te sens en veine de mansuétude, que ne me demandes-tu de nommer le chevalier des Iris prieur de Saint-Laurent-des-Bois, avec quelque grasse prébende ?

GRYNPALHAIE, *du ton de la haine.*

Oh ! pour celui-là, Monseigneur, je vous l'abandonne, et vous pourrez l'envoyer rejoindre son père par le même chemin !

TANQUERAY, *surpris.*

Quelle injure personnelle t'a-t-il donc infligée pour s'attirer ta haine ?

GRYMPALHAIE, *avec un accent de rage.*

Il est beau, je suis laid !.. Il est fort, je suis faible !.. Il est aimé, je suis moqué !..

TANQUERAY, *surpris.*

Ouais !.. maître Grympalhaie, en seriez-vous jaloux ! (*Il s'éloigne en éclatant de rire*).

GRYMPALHAIE, *hausse les épaules, puis, d'une voix âpre, à part.*

C'est la revanche du fou sur le sage.

(*On entend rire le comte dans l'éloignement*).

GRYMPALHAIE *(seul)*.

« Tu peux ricaner à faire crouler les salles, ce n'est pas cela que je redoute et qui me tue... Non ! c'est son rire à elle ! (*la main sur son cœur*) Mes yeux sont à bout de larmes, et mon cœur est tari de fiel. Il n'y a plus là qu'un morceau de granit... Va ! Je connais ma hideur et j'en maudis ma mère !.. (*Il rêve*). Pourtant j'étais bon autrefois, j'aimais les pauvres gens... et leurs risées me saluaient au passage... J'ai voulu me faire moine, passer ma vie à genoux sur les dalles, à prier pour eux... On a ri encore, ri toujours... Ha ! je voudrais être formidable comme Lui ! (*rage concentrée*) comme ce Tristan, pour les écraser tous ! »

(Rideau).

ACTE IV.

5e TABLEAU.

L'ASSAUT.

Le théâtre représente l'oratoire de Dame Alde, c'est une pièce prise sur le sommet circulaire d'une tour. Elle est coupée à moitié par une grande baie à trois arcades, au-delà desquelles s'étend une plate-forme entourée d'une balustrade, d'où l'on aperçoit émergeant de l'ombre, les tours, tourelles, clochetons, flèches et toits du château. Au-dessus, un beau ciel d'été, clair, parsemé d'étoiles. Dans l'oratoire, à droite, un prie-Dieu sous un tryptique peint, et au-dessus un grand Christ d'ivoire. A côté du prie-Dieu, une porte de fer donnant accès dans un tourillon où serpente un escalier dérobé. A gauche, une porte, très apparente, communiquant avec les appartements de dame Alde. Au lever du rideau, dame Alde, seule, va et vient dans l'oratoire, du prie-Dieu aux arcades du fond On entend au-dehors, par intervalles, le bruit du vent dans les feuilles.

SCÈNE PREMIÈRE.

DAME ALDE, seule.

Seule, toujours seule! et les jours suivent les jours, ternes et monotones!.. Nul autre bruit que le pas pesant des pertuisaniers sur les dalles du corridor.. ou les grelots du fou, sonnant, sonnant, sonnant!.. Puis, la nuit, dans le grand silence de la nature endormie, parfois le marteau de la forge, retentissant au loin, et plus rien!.. C'est ainsi que les minutes de ma vie tombent une à une dans l'éternité. (*rêvant*) Oh! que ne suis-je d'humble naissance comme lui !... au moins pourrais-je courir les chemins à ses côtés, dussé-je y déchirer mes pieds nus à chaque pierre ! Ou bien que n'est-il de race noble, et que ne l'ai-je rencontré dans les tournois et les fêtes avant ce mariage d'horreur, avant les heures de surprise et d'épouvante qui l'ont suivi, avant le temps où je fus esclave, ne voulant pas être maîtresse (*avec une agitation croissante*) N'ai-je pas admiré plus de noblesse empreinte en ses traits, en son maintien, en toute sa svelte et gracieuse personne que chez ces rustres blasonnés que j'ai connus?.. N'est-il pas le plus brave chevalier qui jamais chaussa l'éperon d'or dans le royaume des lys, lui si doux devant les humbles, si terrible et si fier devant les forts ? . Dans sa poitrine de lion, n'ai-je point senti battre un cœur d'enfant ? (*avec un sourire*). Oh ! comme il se troublait et rougissait, quand je le regardais ! sous cette tente .. Puis, pendant cette longue chevauchée à travers la forêt, quand nous galopions, emportés par nos montures, si près l'un de l'autre... ses yeux, je les sentais rayonner sur les miens, à travers l'ombre... Et plus tard, lorsque l'orage se déchaîna, sa cape dont il couvrit mes épaules pour me protéger de la pluie, sa cape encore toute chaude des battements de son cœur... Il me sembla quelle me communiquait une fièvre inconnue... Et quand nous fûmes arrivés, qu'à son appel les varlets abaissèrent le pont-levis, de quelle voix tremblante il me souhaita toute une vie de bonheur... Et comme il s'attardait dans cet adieu, risquant sa tête pour un mot de plus à me dire... (*rêvant*) Depuis, je ne l'ai plus revu... qu'une seule fois sous le porche de l'église où ce vil bouffon nous épiait... Ah ! misérable ! C'est lui qui m'a perdue ! Mon Tristan... (*avec exaltation*) Il m'aime ! *d'une voix contenue* : Il m'aime !... Oh ! suave parole que je voudrais crier éperdument à tous les échos. Hélas! pourquoi ai-je lu si tard dans mon cœur ? Que ne m'a-t-il emportée avec lui pour emparadiser mes jours !... (*Elle va se jeter à genoux sur le prie-dieu et met son front dans ses mains*). (*un silence*) *Alde à genoux, tres-*

saillant : Hein ? Qui m'appelle ? (*regardant le grand christ d'ivoire :*) C'est étrange ! quand j'ai beaucoup prié, beaucoup pleuré, il me semble que c'est LUI qui tend vers moi ses bras rouges, dans les affres de la douleur...

(*Cris au dehors : Alde dame Alde* ! !) (*se relevant toute droite :*) Mon nom ! Est-ce que je deviens folle ? (*elle court à la fenêtre. Une lueur éclatante illumine les faîtes du château*). D'où vient cette lueur ?... Ces armes !... On se bat! (*très pâle et prêtant l'oreille :*)

Est-ce l'amour ou la mort qui vient me prendre ? (*Elle écoute. Avec ravissement*). C'est l'amour ! ! ! J'entends le cor de Tristan!

SCÈNE II.

DAME ALDE, OTTILDE.

OTTILDE, *entrant effarée.*

Ah ! madame ! madame !

ALDE.

Qu'est-ce !

OTTILDE.

Fuyons ! nous sommes perdues !

ALDE.

Que se passe-t-il ?

OTTILDE.

Les Jacques viennent d'assaillir la porte Magne du château. Ils sont déjà dans la première enceinte.
.... Tout brule !

ALDE *anxieuse.*

Mais... nos gens ?

OTTILDE.

Le donjon résiste. La garnison de Thibermesnil, appelé par cette lueur qui est un signal, doit accourir à franc étrier... Pourvu qu'elle arrive à temps, les mécréants seront pris au traquenard...

ALDE

Malheureuse !

(*tumulte de combat au dehors*).

OTTILDE.

Pas un routier ne rentrerait en forêt.

ALDE, *d'un air de défi.*

Ils ont pour eux les ténèbres.

OTTILDE.

Votre grâce sait-elle qu'ils poussent l'insolence jusqu'à prendre son nom pour cri de guerre ?

ALDE, *avec une joie contenue.*

Enfin Tristan et Tanqueray sont aux prises !

(*Une flèche brise la verrière, et tombe en scène. Ottilde jette un cri. Le tumulte et le bruit redoublent au dehors : sonnerie de cor, hourras, cliquetis.*)

OTTILDE.

Où trouver un refuge ? Ah ! l'escalier dérobé !...

(*Elle secoue la porte qui résiste*).

Nous faudra-t-il donc mourir dans cette geole ?

(*Elle tombe à genoux appuyée contre le mur, en se bouchant les oreilles. Puis, elle prend le chapelet pendu à sa ceinture et dit ses patenôtres. Pendant ce temps, dame Alde s'est avancée et regarde par la verrière*).

OTTILDE.

Madame ! Exposer ainsi votre vie !

ALDE (*sans répondre, parlant à elle-même, et suivant dans une sorte de délire les péripéties du combat :*)

Les braves gens !... L'eau des fossés est toute rouge ! Les épieux, les tisons pleuvent des murailles ! Ah ! la Jacquerie perd du monde ! Quel horrible chaos...

Ils reculent. Ils...

(*Dans une accalmie, on entend une cloche lointaine.*)

Quel est ce glas ? C'est le tocsin qui sonne à Saint-Laurent-des-Bois ! (*Elle se jette sur le prie-dieu.*) Mon Dieu, ayez pitié de votre servante... C'est pour moi qu'il combat ! Donnez-lui la victoire !

(*Elle se traîne défaillante sur le plancher, pour gagner la plate-forme. Pendant cette marche silencieuse, le chant des vagres éclate, hurlé par des voix tonnantes. Le tumulte redouble. Alde se dresse, regarde sur la plate-forme, et s'écrie d'une voix rayonnante :*)

Ah ! je le vois ! C'est lui ! Lui ! Son épée flamboie comme le glaive de l'archange ! (*Appelant :*) Tristan ! (*Elle agite son écharpe au dehors, puis elle se retourne, comprimant les battements de son cœur.*)

OTTILDE (*abattue*).

Si les archers de Thibermesnil arrivent trop tard, que va-t-on faire de nous ?... Ces enragés n'ont pas de respect pour les femmes.

SCÈNE III.

DAME ALDE, LE COMTE DE TANQUERAY, ESTIVAL, DEUX ARCHERS.

Ils entrent par la grande porte, Estival tient une torche allumée.

DAME ALDE, *en revenant, se trouve face à face avec le comte. Elle recule.*

Ah ! c'est vous ?... Vous !

TANQUERAY, *froidement.*

C'est moi.

DAME ALDE, *avec effroi.*

Que voulez-vous ?

TANQUERAY.

Vous le saurez bientôt (*A Ottilde.*) Sors, péronnelle.

DAME ALDE, *criant.*

Restez, Ottilde, je le veux !

(Tanqueray prenant Ottilde par le bras, la conduit à la porte, la pousse dehors, ferme la porte sur elle.)

DAME ALDE, *effrayée.*

Vous venez donc pour m'assassiner ?

TANQUERAY.

Vous entendez, madame ? Votre nom est devenu un cri de guerre pour ces marauds !... L'aventure est galante ! (*Froidement.*) Nous saurons avant peu ce qu'en penseront les juges de l'Échiquier de Normandie.

DAME ALDE, *balbutiant.*

Que voulez-vous dire ?

TANQUERAY, *d'une voix tonnante.*

Je veux dire, Madame, que ces bandits ne vous sauveront point du sort qui vous attend. Ça, jetez cette mante sur vos épaules, et m'accompagnez.

DAME ALDE.

Où me conduirez-vous ?

TANQUERAY.

Il vous plaît de le savoir ?... soit. (*Allant à la porte près du prie-dieu.*) Ici est une porte secrète qui conduit à la salle des armures. De là, par un passage souterrain, nous traversons les cours, le préau, les fossés et nous débouchons au carrefour de la croix du Torp... A l'endroit même où le père de votre amant a été pendu !

DAME ALDE, *égarée.*

Jamais ! Je refuse de vous suivre. Je préfère mourir ici....

TANQUERAY, *ironique.*

Je pourrais attacher vos mignonnes mains avec ces vilaines cordes, et fermer votre bouchette d'une poire d'angoisse, mais vous avez trop d'esprit pour me contraindre à oublier votre qualité. (*Redoublant de sarcasmes.*) D'ailleurs, une femme de votre sang, ne saurait hésiter entre le devoir que je représente, et....

DAME ALDE, *se cramponnant aux meubles.*

Jamais, vous dis-je ! Je vais à lui, à l'amour, à la liberté !

TANQUERAY.

Cette femme est folle de son corps. Qu'on l'entraîne !..

DAME ALDE, *se débattant et criant*

Tristan ! Ils me tuent !!!

(*Les archers saisissent Alde par les poignets et la poussent sous la petite porte de fer que Tanqueray a ouverte*).

TANQUERAY

Et souvenez-vous, ma mie, qu'au moindre cri, je vous pousserais cette dague entre les épaules.

ESTIVAL, *sortant le dernier, les yeux au ciel.*

Pauvre femme ! que Dieu te prenne bientôt, s'il a pitié de toi !

(*Il sort et referme la porte*).

SCÈNE IV.

TRISTAN, seul.

Il entre bondissant sur la plate-forme son épée rouge à la main. Il a escaladé la tour au moyen d'une échelle et franchi la balustrade à l'aide de son poignard, éclairé seulement par la veilleuse et par le clair de lune.

Dame Alde ! (*il hurle en levant son épée au ciel*) Dame Alde !! (*il s'élance dans l'oratoire éclairé par la veilleuse, le clair de lune. Obscurité passagère*). Je croyais avoir entendu... Où suis-je ? C'est bien d'ici qu'on m'a appelé !.. Un oratoire !.. C'est ici !.. Ces draperies sont toutes imprégnées du parfum de la chère recluse... ce prie-Dieu, garde l'empreinte de ses genoux... son missel. (*Il le ramasse*) (*Criant*) Alde ! Alde ! Où est-elle ? (*Cherchant*) J'ai juré de la délivrer ou de me faire mettre en pièces sous ses yeux... Alde ! (*Avec désespoir*) Dame Alde !

SCÈNE V.

TRISTAN, GRYMPALHAIE.

Grympalhaie ouvre tout doucement la grande porte et s'élance sur Tristan.

GRYMPALHAIE, *criant.*

A moi ! A moi !.. Sus au vagre ! Nous l'avons !.. A moi, sire Roger ! Tue ! Tue... A moi, Tanqueray ! (*Tristan et Grympalhaie luttent un moment dans l'obscurité puis le routier frappe de son épée le fou qui tombe lourdement. Il va allumer les cierges de l'oratoire et revient*).

TRISTAN *stupéfait.*

Le fou ! Grympalhaie !.. Ah ! le pauvret (*Il se penche et l'examine. Avec douleur*). Ses yeux vitreux regardent déjà dans l'autre monde. (*Il essaie de le secourir*).

GRYMPALHAIE, *se ranimant.*

Ah ! je suis mort...Tu as le poing solide, camarade... (*Avec sarcasme*). Tout est bien qui finit mal... Tu ne te doutes pas de quel pesant fardeau tu me délivres.

TRISTAN, *prenant un hanap sur la table.*

Veux-tu boire, frère ?

GRYMPALHAIE.

Oui, j'ai soif. (*Il boit avidement. Montrant le fauteuil de dame Alde*). Porte moi là, c'est là que je veux mourir.

TRISTAN, *le prend entre ses bras et le porte sur le fauteuil. On voit les habits du fou couverts de sang.*

Pardonne-moi, je n'aurais pas frappé si j'avais su que ce fût toi !..

GRYMPALHAIE, *amer.*

Tiens ! pourquoi ?

TRISTAN, *avec bonté.*

Tu ne te souviens pas ? Lorsque le bourreau de Noirval mit la corde au cou de mon père, tu as eu pitié... Tu as voulu le réconforter par quelque charitable parole. Je m'en suis toujours souvenu, et j'avais pour toi de la reconnaissance.

GRYMPALHAIE, *d'une voix qui va s'affaiblissant.*

Vraiment ?.. Ah ! tu ne savais pas ! Tu ne pouvais pas deviner ! Eh bien ! Je te hais, moi, et je me venge en mourant... Dame Alde...

TRISTAN, *frémissant.*

Dame Alde ?

GRYMPALHAIE, (*éclatant de rire*).

Ah ! ah ! ah ! Elle est bien loin... Disparue ! Tu ne la

reverras plus jamais, entends-tu ? Jamais ! Et c'est moi qui ai fait cela.

TRISTAN.

Ah misérable !

GRYMPALHAIE.

Ecoute encore, écoute une chose incroyable... mais promets-moi que tu ne riras pas... On ne rit pas... devant les morts !

TRISTAN.

Dis, au nom du ciel ?

GRYMPALHAIE.

Eh bien, cette femme, je l'aimais.

TRISTAN.

Tu l'aimais ! Infamie ! (*Il lève le point pour le frapper, hésite et laisse retomber son bras*).

GRYMPALHAIE.

Eh ! quoi ? Tu ne m'achèves pas ?

TRISTAN.

Non. Je te plains, au contraire, et je t'absous de ton crime pour ce que tu as du souffrir... Mais où donc est-elle à présent ?

GRYMPALHAIE (*d'une voix qui sombre*).

... A deux lieues d'ici, dans la grosse tour de Thibermesnil, sous la garde des archers du sénéchal... où tous les Jacques du monde ne pourraient la reprendre... (*Il roule de son fauteil par terre*). Jamais entends-tu ? Jamais ! (*Il meurt. Tristan pousse un cri*).

SCÈNE VI.

TRISTAN, NORBERT.

Norbert apparaît au sommet de l'échelle. Il bondit sur la plate-forme et s'avance en faisant le moulinet avec sa hache. A ce moment le tumulte redouble au dehors.

NORBERT, *criant.*

Gare les têtes... ceux qui en ont encore ! A nous, les Jacques ! Bataille gagnée, mon Tristan, mais à quel prix ? Il ne nous reste pas vingt hommes capables de tenir sur leurs jambes !

TRISTAN, *regardant le cadavre de Grympalhaie.*

Bataille perdue, ami. Dame Alde n'est plus ici... morte, peut-être !

NORBERT.

Comment ! Est-ce que l'arondelle aurait quitté sa cage ? Par ma foi, il y avait de quoi en effaroucher de moins timides... Quelle tuerie ! J'ai soif ! *Il s'essuie le front avec sa manche*). (*Des vagres continuent d'escalader la balustrade. Ils sont armés. Quelques-uns ont des torches*).

TRISTAN, *regardant au loin par-dessus les créneaux. Il met la main au-dessus de ses yeux. D'une voix frémissante.*

Mon compère, vois-tu ce groupe d'hommes à cheval, là-bas ?

NORBERT.

Oui. Dieu me damne, je reconnais la tête blanche de ce vieux réprouvé de Tanqueray. (*Il bande une arbalète. Tristan lui retient le bras*).

TRISTAN.

Et près de lui... N'est-ce pas une femme. N'est-ce pas...

NORBERT.

C'est elle, dame Alde. Ils partent à franc étrier pour le château de Thibermesnil sans doute, car je reconnais les archers royaux... Un nuage de poussière et tout disparaît.

JEHAN-LES GRÈGUES.

Mais comment se sont ils échappés? Ils ont donc pris le chemin des aigles pour sortir du manoir?

PIERRE GODAILLE.

Ou bien celui des taupes?

TRISTAN, *se tordant les bras*

Perdue! Norbert! Elle est perdue!

NORBERT.

Ha! le vieux sanglier nous nargue encore... mais nous allons brûler sa bauge... Au feu, le repaire!

TOUS.

Au feu, le repaire! (*Des torches circulent. La lueur rouge de l'incendie illumine la scène. Un pan de mur croule. Tristan, indifférent au danger, rêve appuyé aux créneaux de la plate-forme, les yeux fixés dans la direction qu'a suivie dame Alde.*

TRISTAN.

Perdue!...

BIBLIOTHÈQUE NATIONALE R.F. IMPRIMÉS

(RIDEAU).

ACTE V.

6e TABLEAU.

LA TABLE DES COMTES.

La salle à manger d'honneur du château de Thibermesnil. Au fond, large porte ouvrant sur les appartements du manoir. A gauche, grande cheminée dans le goût de l'époque, avec attributs héraldiques. A droite, un vaste dressoir chargé de vaisselle. Une table en forme de T. La salle est tendue de verdures de Flandres et décorée de nombreux trophées de chasse. Cornes d'aurochs, bois de cerfs, têtes de sangliers. Elle est eclairée par de grands candélabres en ifs, chargés de cierges de cire Aspect seigneurial très imposant.

SCÈNE PREMIÈRE.

LE COMTE DE TANQUERAY, JEAN, SIRE D'ESTOUTEVILLE, NOEL, SIRE DE FEUARDENT, HONORÉ, SIRE DE MATIGNON, TANCRÈDE HURTAU, SIEUR DU FIEF DE GAVAGNASSE, MAÎTRE BLAISE LOINTIER, LE RÉVÉREND ÉTIENNE HOUSEAULT, LE MIRE BÉNÉDICTUS VALLIN, LE SÉNECHAL CLAUDIEN DE BRY, CLAUDE ESTIVAL, ROLLON, PAGE, PETIT PAUL, SERGENT D'ARMES, EUSTACHE, FAUCONNIER.

Au lever du rideau, les seigneurs sont à table au haut bout, trinquent et mangent: (Paons, chapons dressés, parés des plumes, ailes et queue). Les flambeaux sont allumés. Le festin est dans toute son animation. Les officiers et serviteurs sont placés au bas bout. Le chapelain est à la droite de Tanqueray

TANQUERAY, *debout.*

Je vous ai rassemblés, messieurs mes pairs et compagnons, en cette fête du Jeudi-Saint, selon l'usage, et je salue votre bienvenue. (*Il lève sa coupe, puis saluant successivement tous les convives.*) Je bois à vous, Jean d'Estouteville, à vous, Noël de Feuardent, à vous, sire de Matignon, à vous, Tancrède Hurtan...

LE SIEUR DE GAVAGNASSE.

Aujourd'hui sieur du fief de Gavagnasse, que j'ai payé à beaux écus comptant.

TANQUERAY, *le saluant.*

A vous donc, sieur de Gavagnasse... A vous maître Blaise Lointier, mon ancien bailli, présentement bourgeois de Rouen.

LE SIRE D'ESTOUTEVILLE.

Aussi par la grâce des beaux écus comptant ?

MAITRE LOINTIER, *avec un salut.*

Et gagnés au service de Monseigneur.

TANQUERAY, *à ses serviteurs.*

Et à vous tous, mes féaux serviteurs : mire savant, sénéchal prudent, écuyer courageux... (*Il boit*).

LES OFFICIERS, *se levant.*

Noël au Comte !..

(*Ils choquent les verres et boivent*).

TANQUERAY, *s'asseyant.*

Je regrette que ma belle-fille, dame Alde, ne soit pas

à la place d'honneur, pour recevoir messieurs mes amis, mais, outre que son deuil de veuve la retient en son retrait...

LE SIRE DE FEUARDENT, *étourdiment.*

Oui... Oui... On dit que vous la tenez en charte privée...

TANQUERAY.

Et qui dit cela, je vous prie?

LE SIRE DE FEUARDENT.

Ne vous fâchez pas, beau cousin... On ne parle que de cela dans toute la duché de Normandie... On dit que la veuve de votre fils s'est enamourée de ce chef de routiers qui désole la province, de ce capitaine Tristan des Iris, qui s'arroge le titre de chevalier... et dont le vrai nom serait Crochu-Garou.

TANQUERAY, *sombre.*

Et que dit-on encore?

LE SIRE D'ESTOUTEVILLE.

« ...Que pour punir dame Alde de cet amour indigne d'elle, indigne de son rang, outrageant à la mémoire de son époux, vous l'avez emprisonnée.

TANQUERAY.

On dit vrai, Jean d'Estouteville... le bandit et ses Jacques ont dévasté le domaine de notre regretté fils pour donner le vol à cette colombe et l'emmener roucouler sous bois avec son ramier... Mais l'expédition leur a coûté cher, et ils n'oseront s'attaquer à cette forteresse où nous lui avons trouvé un nid plus sûr. Notre bru est confinée en ses chambres. Elle y restera tant que ce Tristan n'aura pas expié sur l'échafaud le meurtre du baron.

SCÈNE II.

LES MÊMES, UN SERGENT D'ARMES, puis LE CAPITAINE NORBERT.

Un sergent d'armes entre.

TANQUERAY.

Que veux-tu ?

LE SERGENT D'ARMES.

Plaise à Votre Seigneurie, un homme est là, qui se prétend chargé d'un message qu'il doit lui remettre en mains propres.

TANQUERAY, *impatient.*

Ne peut-il attendre ?

LE SERGENT.

Il dit que c'est urgent.

TANQUERAY.

Qu'on l'amène donc !

(*Norbert entre, salue fièrement, et tenant son bonnet à la main, il va mettre genou en terre devant Tanqueray*).

NORBERT *d'une voix sonore.*

De la part du chevalier Tristan des Iris, mon maître !

(*Il tend à Tanqueray un pli noué d'un ruban et scellé. Tout le monde se lève en tumulte autour de la table*).

TANQUERAY.

Hein ? Que dis-tu ?

NORBERT, *à part.*

Il paraît que ce nom là produit toujours son petit effet

(*haut, même ton que la 1re fois*). De la part du chevalier Tristan des Iris, mon maître.

TANQUERAY, *éclatant.*

Tant d'audace! Ce...(*se ravisant*) Ah! fort bien Donne, l'ami. (*Il prend tranquillement la lettre, la place près de lui et donne tout bas un ordre à un valet qui s'éloigne en souriant*).

TANQUERAY, *froidement.*

Eh bien, mes féaux, pourquoi quitter vos sièges? Ce compagnon ne mérite point tant d'honneur. Qu'on lui donne un gobelet et un escabeau à ce bout de table, s'il veut nous faire l'honneur de boire en notre compagnie.

NORBERT, *se relevant.*

D'abord, moi, je trinquerais avec le bourreau, pourvu que son vin fut bon! et quant à l'honneur, ma foi, l'honneur est partagé. (*clignant de l'œil avec bonhomie :*) Prenez-en la moitié et n'en parlons plus. (*Il s'assied sans façon. Rires bruyants*).

TANQUERAY, *narquois..*

Conte-nous des nouvelles de ton maître.

NORBERT, *il boit et fait claquer sa langue.*

Mauvaises... Messire, pitoyables. Le pauvret dépérit à vue d'œil depuis... ce que vous savez bien. Il ne fait que rêvasser et soupirer... au lieu de boire, morbleu! (*Il se verse et boit. Les seigneurs rient*). Ce matin, nous avons fait prisonnier un bernardin qui avait une mule. Le moine n'était pas bon à grand'chose, mais la mule valait dix écus au bas mot.

HOUSEAULX, (*chapelain*).

Monseigneur de tels propos à votre table! (*Rires*).

TANQUERAY.

Laissez-le dire, mon Révérend, continue l'ami.

NORBERT.

Nous avons au camp plus de gens d'épée que de robins. Et par chance, celui-là savait écrire. Il est resté une heure dans la tente du capitaine, à grossoyer cette lettre sous sa dictée. Je ne sais ce qu'ils ont mis là-dedans. Il paraît que c'est un secret. Après quoi, le capitaine a renvoyé le prédicant en lui donnant sa bourse. Et le pis, c'est qu'il a fallu lui rendre sa mule. (*avec regret*) Elle valait dix écus...

TANQUERAY.

Tu l'as déjà dit. Ensuite ?

NORBERT.

Ensuite ? Le capitaine Tristan m'a remis la lettre avec mission de vous la porter, et me voici. Il m'aurait envoyé chez le diable, que j'y serais allé tout de même.

(*Pendant le discours de Norbert, le bourreau en rouge, flanqué de ses deux aides s'est approché du vagre par derrière sans être vu*).

TANQUERAY.

Eh bien, drôle, vide ton verre à la santé de celui qui t'envoie.

NORBERT, *fièrement et debout.*

A la santé du chevalier des Iris.

(*Au moment où il va boire, le bourreau s'avance et choque son verre contre celui de Norbert en ricanant*).

NORBERT, *posant précipitamment son verre.*

Oh ! la vilaine figure ! *Il veut dégaîner, mais les aides le garottent.* (*Eclats de rire*).

NORBERT, *naïvement.*

Eh bien, je m'en doutais ! Nous avons joué au chat et à la souris... (*au bourreau*) Attendez, vous autres ! (*à Tan-*

queray) Comte, la mort et moi, nous sommes de vieilles connaissances. Je ne la crains pas. Mais je suis homme d'épée. J'ai servi sous le grand connétable. J'ai droit à la hache.

TANQUÉRAY.

Dépêchez ce bavard.

NORBERT.

Le petiot me vengera !
(On l'entraîne au dehors. Éclats de rire).

SCÈNE III.

LES MÊMES, MOINS NORBERT, LE BOURREAU ET SES AIDES.

D'ESTOUTEVILLE.

Quel agréable convive que notre hôte ! Il a toujours quelque bon tour dans son sac pour égayer ses invités ?

TANQUERAY *aux convives.*

Et maintenant beaux sires, continuons de souper. (*D'un ton joyeux*). Le gros Trudon, notre maître-queux, excelle à préparer des pâtés de venaison... Et je veux vous faire tâter d'un certain vin d'Argenteuil que sa Majesté nous vient d'offrir en récompense de nos services. Notre chapelain, messire Etienne Honseault, fort expert en matière de beuverie, (*Il rit*) nous dira ce qu'il en pense.

LE CHAPELAIN, *soucieux.*

Votre Seigneurie semble faire peu de cas de la missive que cet homme vient de vous remettre. Vous plaît-il que nous la lisions ensemble ?

TANQUERAY (*continuant de manger*).

A quoi bon ? C'est sans doute quelque outrecuidant cartel, quelque machination qu'ils ont ourdie dans leur tanière pour nous échauffer la bile... Ah ! si mon regretté fils, le baron de Noirval, eût traité de cette façon le messager qui le vint défier de la part de ce démon, il festoierait ce soir, en notre compagnie. (*Après un silence, au chapelain lui donnant la lettre.*) Néanmoins, s'il vous est agréable de prendre votre passe-temps à débrouiller cette belle harangue, écrite par ma foi ! (*Il rompt le scel.*) à grand renfort de paraphes, je ne m'y oppose mie.

LE CHAPELAIN, *il ouvre la lettre et la lit.*

Voici qui m'ébahit fort ! (*Vivement.*) Messire il convient que vous fassiez surseoir à l'exécution de l'homme qui vous a apporté cette lettre... A tout le moins jusqu'à ce que vous ayez pris connaissance du contenu de ce message.

TANQUERAY, *d'un air de parfaite insouciance, et buvant rasade.*

Bah ! laisse-le !... Il est déjà à mi-chemin de l'autre monde... (*Voyant que le chapelain s'agite désespérément sur son siège.*) Mais que narre donc ce parchemin pour vous mettre en ce bel état ? D'honneur ! révérend chapelain, vous suez d'ahan.

LE CHAPELAIN.

De grâce, venez avec moi en votre cabinet ; la chose en vaut la peine.

TANQUERAY, *fâché.*

Est-il écrit dans les astres que je ne souperai pas ce soir ?... Lisez !... Lisez tout haut, chapelain. Inutile de quitter messieurs mes amis, pour écouter la prose de ce brigand... Lisez !

LE CHAPELAIN, *déployant le parchemin et lisant à voix haute.*

« Tristan des Iris, capitaine de compagnie franche, à
» monseigneur Roger de Tanqueray, comte de Thiber-
» mesnil, (*marmottant*) etc., etc., salut. Etant investi par
» le roi Charles, sixième du nom, de la fonction de grand
» sénéchal pour le duché de Normandie, à vous incombe
» le soin de faire respecter sa haute autorité par la force
» des armes. Comme chef de compagnies rebelles à cette
» autorité, la grâce que j'ose implorer de votre seigneu-
» rie....

TANQUERAY, *interrompant avec violence.*

Vous verrez que ce couard demande pardon !....

LE CHAPELAIN, *continuant.*

» Aurait peu de chance de m'être octroyée si je ne la
» payais d'un prix tel que l'ire et la rancune dont vous
» êtes animé contre moi, doivent s'effacer dans la néces-
» sité de pacifier cette contrée, aussi hâtivement que
» possible.

LE SIRE D'ESTOUTEVILLE.

C'est bien dit.

LE CHAPELAIN, *poursuivant.*

» Si vous agréez le pacte que je vous propose, j'offre
» de me rendre en votre château de Thibermesnil, seul,
» sans armes, pour qu'il soit fait de moi selon votre bon
» plaisir.

LE SIRE D'ESTOUTEVILLE.

Oh ! Oh !

(*Murmures. Tumulte. Tous les convives se lèvent en désordre.*)

LE CHAPELAIN, *reprenant.*

» Sous expresse condition que, après ces miennes
» lettres vues, vous vous engagerez par serment solennel,

» prononcé sur les saintes reliques, par devant les officiers, baillis et prêtres assemblés, en présence de mon messager, au nom du roi, et sur votre foi de gentilhomme, à ce que, dès l'accomplissement de ma promesse, noble dame Alde, baronne de Noirval, soit rendue à la liberté; qu'elle rentre en possession de ses biens, et dispose librement de sa personne, alors et à toujours, sans qu'il lui puisse être fait tort d'aucune sorte! (*Murmures.*) Dès le retour de mon messager, je serai prêt à me rendre à votre appel.... Signé: Tristan. »

LE CHAPELAIN, *replie le parchemin et le pose sur la table. S'adressant à Tanqueray.*

Eh bien?

TANQUERAY, *hochant la tête.*

C'est impossible! Il ne viendrait pas se jeter ainsi dans la gueule du loup.

LE CHAPELAIN.

Pour invraisemblable qu'elle paraisse, cette lettre n'est pas un leurre! Je la tiens entre mes doigts!.. Les termes en sont clairs!

LE SIRE D'ESTOUTEVILLE.

D'ailleurs, ne m'avez-vous pas dit que cet homme aime dame Alde au point d'en perdre la raison? Qu'il a déjà risqué trois fois de périr dans les supplices pour l'entrevoir un instant?

TANQUERAY, *ébranlé.*

C'est vrai!

LE SIRE DE FEUARDENT, *riant.*

J'en conclus que nous revenons au temps du roi Artus et de la Table Ronde.

LE SIRE DE MATIGNON.

Il n'y a peut-être pas, sur ce globe terraqué deux chevaliers qui soient capables d'un sacrifice semblable pour leur reine d'amour !

LE SIRE DE FEUARDENT.

Et s'il tient parole, je proclamerai ce tristan un criminel des plus intéressants !

(*Eclats de rires. Murmures*).

TANQUERAY.

Et moi, s'il tient parole, messieurs mes amis, (*d'un air sombre*)... vous verrez ce que j'en ferai ! (*Un silence*). Ça, avisons au plus pressé. (*A Larbrissel qui entre dans la salle*). L'homme est-il pendu ?

LARBRISSEL.

Messire, ce sera fait dans un instant... Le patient a présentement la corde au col !

TANQUERAY, *vivement*.

Cours vite, malheureux !... Je lui fais grâce ! Qu'on le mène à l'office, et qu'il attende ma réponse en soupant... Va ! (*Larbrissel sort*).

TANQUERAY, *au chapelain*.

Maintenant, mon révérend, veuillez prendre les dispositions nécessaires pour que la prestation du serment ait lieu à l'instant même dans les conditions exigées par ce Crochu-Garou. (*Le chapelain sort*).

LE SIRE D'ESTOUTEVILLE.

Je vous approuve... Plus que tous autres, nous devons avoir à cœur la sécurité du pays.

TANQUERAY, *l'interrompant*.

Que tout soit préparé... Et qu'on amène l'homme.

SCÈNE IV.

LES MÊMES, LE CHAPELAIN,

portant, ouvert sur un coussin, le livre des Évangiles. A droite et à gauche, deux enfants de chœur, portant des cierges ; un autre clerc portant une croix de procession ; un grand nombre de serviteurs, suivent ce cortège, qui se dispose au milieu en bon ordre ; on apporte un pupitre garni d'une écharpe ; le chapelain y pose l'Evangile ; on amène Norbert, entre quatre hallebardiers, mais les mains libres. — Mouvement de scène. — Tableau. — Le comte de Tanqueray se découvre. Il s'avance jusqu'au pupitre, étend la main et la pose sur le livre. D'un ton solennel :

TANQUERAY.

Au nom du roi Charles le sixième que nous avons mission de représenter céans, nous Roger de Tanqueray, sénéchal de Normandie, en présence des nobles et notables, cy assemblés, jurons au capitaine Tristan des Iris de rendre à la liberté dans le délai de trois jours, dame Alde, baronne de Noirval, lui faisant solennelle promesse qu'elle rentrera en possession de tous ses biens et qu'elle pourra disposer de sa personne ainsi que bon lui semblera. (*Murmures d'approbation*). Et adjurons ledit capitaine Tristan de comparaître devant nous selon les termes du message à nous remis de par lui.

LE CHAPELAIN, *gravement.*

Amen !

TOUS.

Amen !

Le cortège s'en va comme il est venu, en bon ordre et presque aussitôt le chapelain reparaît dépouillé des vêtements sacerdotaux.

NORBERT, (*à part*).

Est-ce que je rêve ?... Les poules et les renards deviendraient-ils de même confrérie ?

TANQUERAY, *à Norbert*

As-tu soupé, l'ami ?

NORBERT, *familièrement.*

Oui, et de bon appétit, n'en déplaise à votre Seigneurie !

FEUARDENT, *riant.*

Le tocsin des flacons te plaît mieux que celui des chaînes, à ce que je vois.

NORBERT.

Je ne me sens point de vocation pour être pendu !

TANQUERAY, *à Larbrissel.*

A-t-on pris soin de son cheval.

LARBRISSEL.

Oui, messire.

TANQUERAY.

Fort bien ! (*A Norbert*). Bois le coup de l'étrier. (*Il lui fait servir un énorme gobelet à deux anses*).

NORBERT, *boit, puis s'arrêtant hors d'haleine, à part :*)

Le Tanqueray a du bon ! (*Il achève son gobelet*).

TANQUERAY.

Tu as entendu mon serment ? Tu as vu ce qui vient de se passer ? Va donc le narrer à ton maître.

NORBERT, (*d'un air méfiant :*)

Ainsi, c'est la paix ?

TANQUERAY, *avec ironie.*

La paix... jurée !

NORBERT, *incrédule.*

Hum ! (*Il se gratte l'oreille*) Et dame Alde ?

TANQUERAY.

Elle est libre... Hâte-toi d'en prévenir ton maître... Demain nous célèbrerons leurs accordailles...

NORBERT (*à part*) *Sa voix indique un commencement d'ivresse*)

Je ne sais quel charme le petiot a mis dans ce parchemin, mais il les a tous rendus plus doux qu'agnelets en bergerie... (*Haut, saluant les seigneurs à la ronde avec aisance*). Eh bien ! mes gracieux seigneurs, vous me croirez si vous voulez, mais je ne serai point fâché, sur mes vieux jours, d'échanger mon bonnet de fer, qui commence à me peser, contre un bourrelet de bourgeois. (*Saluant Tanqueray*). Je ferai volontiers sauter sur mes genoux les enfants de Tristan et de sa mie... On trouvera bien pour moi une retraite où je puisse me reposer de quarante ans de rudes labeurs... sur les grands chemins !

LE SIRE DE FENARDENT, *riant.*

Une bonne place de sommelier ou de bouteiller, si tu aimes le vin pur, et les gobelets profonds.

TANQUERAY, *vivement.*

Pars, compagnon... Nous avons hâte.

NORBERT.

A franc étrier, monseigneur !
(*Il salue et sort.*)

SCÈNE V.

LES MÊMES, MOINS NORBERT.

Les seigneurs, debout, forment plusieurs groupes, causant avec animation et curiosité de cet évènement. Pendant cette scène, les serviteurs enlèvent les tables, n'en laissant qu'une seule où sont les verres et les flacons.

TANQUERAY (*rêveur et sombre, prenant le chapelain par le bras*).

Mon révérend, il faut que je vous complimente. Vous avez fort dextrement dépêché la cérémonie, tout à l'heure.

LE CHAPELAIN.

Votre seigneurie me comble.

TANQUERAY.

Or, dites, je suis un peu brouillé avec le rituel, n'est-ce pas demain le Vendredi-Saint ?

LE CHAPELAIN.

Sans doute.

TANQUERAY.

Et ce jour-là, n'est-il pas d'usage d'adorer la Croix, après l'office des Ténèbres ?

LE CHAPELAIN.

Oui. C'est demain que les chrétiens prosternés, doivent baiser les plaies du crucifié, en signe de pardon et de renoncement aux vengeances criminelles...

TANQUERAY, *d'un ton irrité.*

Ouais ! sire moine...

LE CHAPELAIN, *paisiblement.*

Et je pense que votre seigneurie ne manquera pas de s'y rendre...

TANQUERAY (*énergiquement*).

Oh ! j'y serai, je vous le jure ! et dame Alde aussi !

(*Il lui tourne le dos, et va se joindre au groupe des seigneurs.*)

LE CHAPELAIN (*à part*).

Je ne sais ce que présage le ton dont il m'a parlé,

mais, je le sens, une malédiction plane sur cette maison.

(*Il s'éloigne vers le fond, le bras croisés sur la poitrine.*)

LE SIRE DE FEUARDENT.

J'offre de gager mon destrier rouan contre un baudet de métairie, que ce preux des sabbats nocturnes se gardera bien de venir.

LE SIRE DE GAVAGNASSE.

A moins qu'il ne soit accompagné de sa bande de malandrins pour tenter encore quelque pendarderie.

LE SIRE DE MATIGNON.

Oh! nul ne peut approcher du château sans être vu d'une demi-lieue par la guette des Tourelles...

TANQUERAY.

Et s'ils venaient en troupe, nous leur avons ménagé un accueil dont ils garderaient longue souvenance...

LE SIRE D'ESTOUTEVILLE.

Peut-être ce message n'était-il qu'une ruse, et l'homme qui vous l'a remis avait-il mission d'étudier les défenses de cette place!

BLAISE LOINTIER, *sentencieux.*

Depuis l'assaut du château de Noirval on doit s'attendre à tout.

LE SIRE DE FEUARDENT.

L'audace de ces bandits n'a vraiment plus de bornes!...

TANQUERAY, *avec orgueil.*

Rassurez-vous, messieurs mes amis, ce manoir est solide. J'y braverais le Prince Noir et ses Anglais!...

(*On entend un va et vient bruyant. Des murmures. Un sergent d'armes entre effaré.*)

LE SERGENT.

Monseigneur, un cavalier demande l'entrée du château. Il porte écharpe blanche, et touffe d'iris pour cimier.

LE SIRE DE FEUARDENT.

C'est lui !... C'est Tristan !...
(*Les seigneurs se pressent en désordre vers le messager.*)

TANQUERAY, *vivement.*

Est-il seul ?...

LE SERGENT.

Oui, monseigneur.

TANQUERAY, *avec un cri de joie.*

Enfin !... (*D'une voix saccadée.*) Qu'on abaisse le pont-levis et qu'on lui livre passage...... Appelez Frappart, ses aides... les hommes d'armes... Que ce cavalier soit amené ici, sur l'heure ! (*Les yeux au ciel, d'un ton chaleureux.*) Grympalhaie, mon mignon, par quel malheur es-tu tombé pour notre service en défendant le domaine de ton maître ! Quelle joie ce jour t'eût donnée !... O conseiller judicieux, docteur expert à connaître les replis du cœur des hommes !

SCÈNE VI.

LES MÊMES, TRISTAN, FRAPPART, SOLDATS, HALLEBARDIERS.

Les seigneurs forment un demi-cercle, au centre duquel Tanqueray attend, tête couverte, trois pas en avant.

Tristan entre seul au fond de la salle ; pendant ce court moment de silence, on entend retentir au dehors et aller s'affaiblissant, le son du cor, qui répète le motif du chœur des Vagres. Tristan s'avance fièrement, cherche des yeux le comte de Tanqueray, et l'ayant reconnu, il va vers lui, tire son épée et la présente au comte, en la tenant par la lame.

TRISTAN.

Sire de Tanqueray, je me rends à vous.

TANQUERAY.

Estival, recevez cette épée, elle nous souillerait les mains, (*à Tristan*). Tu es Crochu-Garou?

TRISTAN, *très digne.*

C'est moi.

TANQUERAY *au bourreau.*

Frappart, cet homme t'appartient.

(*Tristan lui tend les mains sans mot dire. On l'enchaîne.*

TANQUERAY, *ironiquement au bourreau.*

Tu sais ce qu'il te reste à faire. Conduis notre nouvel hôte au logis que nous lui avons fait préparer.

(*Le bourreau s'incline en ricanant*).

TRISTAN.

O mort! Sois la bienvenue! Tu n'es pas la nuit, tu es l'aurore!

(*Il sort précédé du bourreau, et suivi des gardes*).

LE SIRE DE FEU ARDENT, *au chapelain.*

Il n'a pas un instant abaissé la paupière! Quand les chaînes ont mordu sa chair, son visage n'a trahi ni la souffrance, ni la honte.

LE CHAPELAIN, *pensif.*

Il y a chez ce Jouvencel l'héroïsme de Chandos ou de Guesclin!

D'ESTOTTEVILLE, *avec ironie.*

Dommage qu'il ne soit point né, à cette heure, il serait peut-être connétable.

TANQUERAY, *retournant vers la table chargée.*

Buvons, mes féaux, et faisons carousse ! Je ne fus jamais en plus joyeuse humeur !

TOUS, *élevant leurs coupes.*

Vive le Sénéchal !

Les seigneurs s'éloignent à gauche, et pendant que les serviteurs enlèvent tables et accessoires, une musique d'orgues, lointaine d'abord, puis plus distincte, et enfin toute proche, se fait entendre. La scène s'obscurcit lentement. Lorsque tout est pret, coup de sifflet, changement à vue, et septième tableau.

7e TABLEAU.

LE BAISER DE « TÉNÈBRES. »

Le théâtre représente la chapelle du château de Thibermesnil. Une chapelle romane, ornée de fresques en mosaïque. Le chœur est assez lumineux, mais les aisles de l'édifice restent plongées dans l'obscurité.

Sur l'autel, le tabernacle est ouvert et vide. Dans six candélabres brûlent des cierges. Sur la droite est un triangle en forme d'if, portant treize cierges allumés. La scène semble éclairée seulement par ces flambeaux.

Des moines en cagoule sont assis dans les stalles du chœur.

Au sommet d'un escalier de plusieurs marches, très large, et tapissé de noir, se trouve un vaste plan incliné, recouvert d'une ample et magnifique draperie de velours noir. Sur cette draperie est couchée une immense croix en bois naturel, et sur cette croix, Tristan est étendu, crucifié, mais vivant.

Il est entièrement nu, à l'exception de la *cingula*, qui remonte sur la poitrine et descend sur les genoux. Cette *cingula*, selon la coutume du moyen-âge, est en drap d'or ou en velours pourpre.

SCÈNE UNIQUE.

UNE VOIX DE MOINE (*psalmodiant le finale de la lamentation de Jérémie*).

« Jerusalem! Jerusalem, convertere ad Dominum deum tuum! »

Grand silence. Un gémissement s'exhale de la poitrine du supplicié. — Pendant ce temps, un à un, les serviteurs de Tunqueray paraissent, et viennent fléchir le genou au bas de l'escalier, puis ils se tiennent debout à droite et à gauche. Des sentinelles prennent place à toutes les issues. — Musique d'orgue).

LE CHŒUR DES MOINES.

Deus meus, clamabo per diem, et non exaudies...

(*L'orgue reprend*).

LE CHŒUR.

Deus, Deus meus, respice in me ! Quare me deliquisti ?

(*L'orgue reprend*).

UN MOINE (*quitte sa stalle, et se penche sur Tristan*).

Mon frère, songez à celui devant qui vous allez paraître.

TRISTAN (*dans un gémissement*).

Ah ! les meurtriers !

LE MOINE,

La justice des hommes est satisfaite. Ne voulez-vous pas unir votre voix à la nôtre, pour implorer celle de Dieu ?

TRISTAN (*d'une voix mourante*).

Guerre éternelle à Jean-Pille-homme... Entends-tu, moine ?... (*un temps*).

Mes frères ! Ils ne sont pas ici... Va les trouver sur la glèbe, par les champs... dans les bois... Partout où tu rencontreras un spectre affamé, travaillant sans relâche pour nourrir ses bourreaux... Alors, tombe à genoux, car celui-là, c'est mon frère !.. »

(*Le moine lève les deux mains au ciel, et regagne sa stalle. — Bruit de pertuisanes frappant les dalles. Chacun regarde. Mouvement. On voit s'avancer le comte de Tanqueray en armure couverte de la dalmatique où sont brodés les trois léopards de Normandie. Il donne la main à dame Alde, en grand deuil, et portant rabattu sur son visage le long voile noir des veuves. Ils sont suivis d'une nombreuse escorte de pages et de seigneurs. Tous s'arrêtent et se groupent aux alentours de la scène. Le comte et la baronne seuls vont jusqu'au bas de l'escalier*).

ALDE (*Elle s'arrête au milieu de la scène, faisant face au public. A Tanqueray d'une voix tremblante :*)

Beau sire, le bruit en a percé les murs de ma retraite... vous tenez prisonnier dans ce château-fort le capitaine Tristan. . Au nom du Dieu crucifié dont nous venons adorer ici l'image, montrez vous miséricordieux... Ce jour de ténèbres est un jour de pardon... consentez à le laisser vivre Monseigneur, et j'irai finir mes jours dans une cellule de nonne.

TANQUERAY (*impérieux*).

Montez, Madame ! L'heure est venue de faire vos dévotions.

(*Au moment où elle s'apprête à monter les marches de velours, tous sauf Tanqueray mettent genou en terre. Alde gravit lentement les degrés. L'orgue joue le « miserere mei Deus » du rituel*).

ALDE (*debout sur la dernière marche*).

Au nom du Dieu de merci, ayez pitié de lui, Monseigneur !

TANQUERAY (*inexorable*).

Adorez celui que vous invoquez, Madame.

ALDE (*Elle se penche sur la croix, et baise le front du supplicié, puis elle se redresse, jetant un cri.*

Du sang ! du sang sur ma main ! Mais c'est une créature humaine, que vous avez clouée là.

TRISTAN (*mourant*).

Merci, dame Alde... et adieu!

ALDE (*arrache son voile, et regarde*).

Tristan!., Mort!..

(*Elle se penche de nouveau, recule, se jette à corps perdu sur le cadavre, et meurt dans un cri surhumain*).

BIBLIOTHEQUE RF IMPRIMES

(RIDEAU).

www.ingramcontent.com/pod-product-compliance
Ingram Content Group UK Ltd.
Pitfield, Milton Keynes, MK11 3LW, UK
UKHW020921180726
13838UKWH00002B/680